河北省研究生示范课程和专业学位案例库资助项目（编号：KCJSZ2021090）研究成果

公司法

案例教学实践探索

王志敏◎著

GONGSIFA ANLI JIAOXUE SHIJIAN TANSUO

中国财经出版传媒集团

经济科学出版社
Economic Science Press

图书在版编目（CIP）数据

公司法案例教学实践探索／王志敏著 . --北京：
经济科学出版社，2022.5
ISBN 978－7－5218－3690－5

Ⅰ.①公…　Ⅱ.①王…　Ⅲ.①公司法-案例-中国-
教材　Ⅳ.①D922.291.915

中国版本图书馆 CIP 数据核字（2022）第 088557 号

责任编辑：杜　鹏　常家凤　郭　威
责任校对：齐　杰
责任印制：邱　天

公司法案例教学实践探索

王志敏/著

经济科学出版社出版、发行　新华书店经销
社址：北京市海淀区阜成路甲 28 号　邮编：100142
总编部电话：010-88191217　发行部电话：010-88191522
网址：www. esp. com. cn
电子邮箱：esp@ esp. com. cn
天猫网店：经济科学出版社旗舰店
网址：http://jjkxcbs. tmall. com
固安华明印业有限公司印装
710×1000　16 开　10.75 印张　190000 字
2022 年 9 月第 1 版　2022 年 9 月第 1 次印刷
ISBN 978－7－5218－3690－5　定价：59.00 元

前　言

　　这既是一本在公司法案例教学方面进行实践探索的专著，也是一本注重学生应用能力培养、价值塑造的公司法教科书。本书从专业词汇中蕴含的传统文化引出专业基础知识，在记忆基础知识的基础上，以真实案例的讲解和分析促成对重点、难点的理解与掌握，兼之提升学生应用能力。最后辅之以相关学科、课程知识和理论的研讨，通过阐释多学科、课程的交叉融合关系拓展学生分析和解决法律问题的思路，进而培养创新思维。本书在专业词汇中文词义、真实案例分析和多学科、课程交叉融合关系的教学中融入思政元素，引导学生在深入体会中国传统文化的博大精深的基础上，学会运用历史唯物主义和辩证唯物主义方法，从社会主义核心价值观角度出发展开思考，既帮助读者涵养家国情怀，又使读者形成具有中国特色的法律思维惯性，增强对建设一个富强、民主、文明、和谐的现代化国家的信心，维护自由、平等、公正、法治的社会秩序的决心，自觉坚定塑造爱国、敬业、诚信、友善的个人品格。

　　这也是一本尽可能反映我国司法理念与习俗的公司法教科书。本书既向学生传递司法职业面临的挑战与困惑，也试图引导学生形成正确的应对方法和策略，以利于学生能够尽快融入未来的就业环境，平安度过从校园到职场的不适应期。

　　本书打破以往教科书层级不明的内容编排模式，根据教学任务不同采取层层递进、逐级抬高方式进行内容编排，实现专业知识、能力培养、价值塑造的教学目标。本书共九章，每章起始有教学目标，内容分为三部分。第一部分为基础知识，以专业词汇中蕴含的中国传统文化和法律基本规定为教学任务，实现知识传授的功能。本部分根据在信息技术和网络技术包围下成长起来的"00后"学生特点，精简了专业知识的讲解。第二部分是理解与应用，以真实案例提高课程挑战度、实践性、应用性。本部分以专业素质与能力培养为教学任务，不仅仅是简单列举案例，更重要的是通过学生针对案例总结争议焦点和提出法律问题的训练，指引开展案例教学活动，以案例教学为学生提供解决实践问题的思路和方法。总结争议焦点可以充分考查学生提炼关键事实信息、分析总结材料内容的能力；学生提炼争议涉及的法律问题，既可以根据学生自己设问和查找法律规定的情况，考查学生对相关法律概念和制度的理解深度和广度，也可以训练学生的自主学习能力，为实现终身学习的目标奠定基础。总结争议焦点、提炼法律问题，这既是法律专业执业的基本技能，也是正确处理案件的基本前提。在案件事实介绍的基础上，对如何开展教学活动提供指引，并在对法院的法律适用逻辑进行分析的基础上，通过前述教学活动，实现培养和训练学生的法律思维和法律的专业技能、提高应用能力的目的。第三部分为知识拓展与伦理分析，以继续挖掘学生潜能、进行创新思维培养为教学任务。本部分通过拓展该章专业基础知识和案例分析所涉及的其他课程、学科的知识与理论，提高课程的高阶性，实践新文科的建设目标。本部分在多课程、多学科内容融合合理架构学生知识体系的同时，深入分析该章中蕴含的伦理元素，开展思政教育，引导形成建立在正确价值观基础上的法律思维模式。

最后感谢课题组成员河北省邯郸市丛台区法院王连斌、河北省大名县检察院郑雁冰、邯郸市中级人民法院王玲，他们在专著写作过程中提供了大量协助，贡献甚多；我的研究生冯青杰，张亚纳也在此一并感谢，没有她们在案例选择、编排方面的大量工作，本书不会如此快地完成。感谢家人的谅解和支持，让我有充足的时间进行写作并付诸出版。

作者

2022 年 5 月

目　录

第一章　广而告之的公司登记

本章阐释公司登记的基础知识，以案例分析加深理解，提高应用能力，使学生明了公司登记对公司、股东、与公司有关的第三方的意义和价值，清楚公司登记的公示作用，明确公司登记对公司、股东、管理层的约束，能够学会运用公司登记保障合法权益，防范和减少交易风险。

第一节　基础知识

本节从公司和登记的文义含义入手，对公司登记的必要性、重要性和公示性进行阐释与分析，力图帮助学生在涵养中国传统文化、培养家国情怀的基础上，初步理解公司登记的性质、特征和功能。

一、公司与登记的文义含义

"公司"在古文中未一起使用。"公"为会意字，在甲骨文中为"分"字上半部和"口"共同构成，可以理解为按人口分配共同拥有的东西，引申为公共利益、公共意志。金文中把"口"演绎成"私"的右半边的变化，更形象地表示与"私"相背。《韩非子·五蠹》有言："古者苍颉之作书也，自环者谓之私，背私谓之公，公私之相背也，乃苍颉固以知之矣。"《墨子·尚贤上》中说："有能则举之，无能则下之。举公义，辟私怨。"在《新华词典》（2001年版）中"公"有九种含义，其中第一种是指"属于国家或集体的，与'私'相对"，第二种是"共同的；大家议定的"，以上两种与古语中的"公"最接近。甲骨文中的"司"就像一人侧立在张口说话，被看成在发号施令。所以《说文解字》中言："司，臣司事於外者。从反后。"《韩非子·扬权》中谈"使鸡司夜，令狸执鼠，皆用其能，上乃无事"，这种用法一直沿用到现在，《新华词典》中"司"就有"主管"之意。因此，"公司"二字合起来就有公共事务管理的意思，契合了西语中对公司为社团法人的认识，体现了公司为数人共同投资、共同管理、共享收益、共担风险的特征。"企业"的"企"在我国古语中表示抬起脚后跟站着，引申为盼望的意思，而缺少管理公共事务之意。

"登记"一词明清后才出现。"登"为古代瓦制祭器。《圣门礼志》中说："登，礼器也，以荐太羹。""登"后引申为向上，如登车、登山，包含了向上之意，同时原意中还有神圣、郑重含义。"记"，《说文解字》中认为："记，疏也。从言，己声。"这里的言，不仅是指说话，还有记录、记载之意。如《左传·僖公七年》中说："夫诸侯之会，其德刑礼义，无国不记，记奸之位，君盟替矣。作而不记，非盛德也。"《史记·秦始皇本纪》在表述焚书坑儒事件中提到丞相李斯说："臣请史官非秦记皆烧之，非博士官所职，天下敢有藏《诗》、《书》、百家语者，悉烧之。所不去者，医药、占卜、种植之书。"这里的"记"指代了各类书及文章。范仲淹《岳阳楼记》中说："乃重修岳阳楼，增其旧制，刻唐贤今人诗赋于其上，属予作文以记之。"其中的"记"则有记载下来流传后世之意。明清时期出现"登记"一词，如《二十年目睹之怪现状》第95回中说："书吏便一一查点东西登记。"至此，形成今天"登记"词义，即向上报告并记录事务。

二、公司登记的种类

现代社会，公司已经成为通过众筹方式成立组织的首选模式，不论数量还是资产规模都在市场中居于主体地位，在经济领域说是能翻山倒海毫不夸张。对这样一种经济力量必须进行监管，所以各国都建立了公司登记制度，即公司必须到市场监管部门对法定事项的进行报告并留下记录的活动，具体包括设立登记、变更登记、注销登记。

设立登记是指公司成立时需到登记机关就公司重要事项进行登记。根据各国对登记监管严格程度由低到高可以将设立登记原则划分成特许主义、核准主义、准则主义。特许主义是指需经国家最高行政机关批准后方可以办理设立登记手续。核准主义是指经有关主管部门批准后可以办理设立登记手续，如我国《商业银行法》第11条规定：设立商业银行，应当经国务院银行业监督管理机构审查批准。准则主义是当前各国公司设立登记所普遍采用的原则，也是我国公司设立登记的一般原则，即公司设立者只要提供足够资料证明已经符合法律规定的公司设立要件，登记机关就应进行登记，而不能以政策上或其他理由拒绝登记。

变更登记是指公司经营过程中因登记事项发生变化而向登记机关申请变更相应登记内容。注销登记则是指公司解散清算后，需到登记机关将原登记事项注销，从而终止公司在经济领域的生命。

需要注意的是，无论设立登记、变更登记还是注销登记，申请人都需要提供证据证明其为合法的公司意思代表人及所代表的为公司意思方能实施上述行为。

三、公司登记的内容

公司登记的内容包括公司名称、类型、住所、注册资本、法定代表人、公司章程、股东等全方位描述法人情况，以及能证明其符合法律对公司的基本要求的信息和文件。根据 2022 年 3 月 1 日生效的《中华人民共和国市场主体登记管理条例》，上述登记材料将通过国家企业信用信息公示系统对外公示公开，其他主体线上或线下都可以方便地查询企业登记信息。公司设立登记通过后，主管机关会颁发营业执照，其上除公司名称、住所、注册资本、法定代表人、经营范围等重要信息外，还会有二维码可以进一步查询公司登记的其他详细信息，且电子营业执照与纸质营业执照具有同等法律效力。

四、公司登记的意义

如前所述，公司登记除具有向国家报告公司成立，以便有关国家机关监管以外，还具有下列意义。

（一）公示作用

外观主义或公示主义原则是商法的基本原则，《中华人民共和国民法典》（以下简称《民法典》）第 65 条也给予充分肯定："法人的实际情况与登记的事项不一致的，不得对抗善意相对人。"因此，公司登记代表了其对市场所有主体的宣誓，其所有行为将受到公司登记的约束，公司名称、住所、法定代表人、资本、股东、章程等发生变化而尚未进行变更登记的均不得对抗善意相对人。

（二）约束公司行为作用

公司登记形成对公司、股东、管理者的约束。如前所述，公司登记事项不但是其符合法律规定的公司设立条件的证明，而且也是其对市场的承诺。登记事项发生变化在未变更登记前不能对抗善意相对人，可以有效约束公司、股东、管理者不得滥用公司中的权力损害债权人或其他利害关系人的权益，例如随意更换法定代表人、增减注册资本、修改公司章程等。

（三）维护交易安全，减少交易风险作用

公司登记内容包含公司作为市场主体的主要信息，对判定公司信用能力具有重要参考价值，因此，常常成为交易前进行资信调查的主要组成部分。变更登记

的存在为登记信息能及时反映公司信用变化提供了保障，注销登记的存在则为防止公司随意退出市场、逃废债务设置了屏障。所以公司登记绝不仅仅具有形式价值，不是可有可无的程序，在维护交易安全、减少交易风险、维护市场秩序的稳定方面具有重要意义和价值。

第二节　理解与应用

本节将通过三个真实案例，对公司登记所涉及的法律知识和理论进行实战演练，通过学生自主总结案件焦点、解决重点和疑难问题的活动，实现加深专业知识的理解和应用、训练学生法律思维和专业技能的目标，在真实案例的分析中，融入社会伦理和个人品格分析和教育，实现价值塑造的教育目标。

■ 案例一

一、案件事实与判决

2018 年 8 月 13 日，李某、王某、张某召开 Z 公司股东会，一致同意将王某所持 40%、李某所持 20% 的股份转让给高某两人。8 月 28 日，李某、王某与高某两人签订《股权转让协议》，约定协议签订当日高某两人向李某、王某支付股权转让定金 100 万元，余款 270 万元在双方办理股权转让登记手续后当日付清。10 月 10 日，高某两人以及张某、桂某（承诺其在 Z 公司权利由高某两人主张和享有）召开 Z 公司股东会，通过了《股东会决议（第一次）》，确认高某两人各占公司股份的 19.98%，张某占公司股份的 40.08%，桂某占公司股份的 19.97%。10 月 17～18 日，高某两人分别向李某、王某给付定金 5 万元、100 万元。12 月 18 日，李某、王某、张某及葛某召开股东会，决议同意将李某、王某分别所占公司 39.98%、19.94% 的股份转让给葛某。同日，上述股份办理了股权变更登记。

2019 年 8 月 20 日，鉴于李某、王某 60% 的股权（实为 59.92%）已被变更登记为葛某，继续履行《股权转让协议》已不现实，而李某等又拒不返还定金，故高某两人起诉请求解除 2018 年 8 月 28 日签订的《股权转让协议》并双倍返还定金。李某、王某辩称与原告合同中约定在 8 月 28 日支付 100 万元，而原告在多次催款后，直到 10 月 18 日才支付 100 万元，可以看出原告是不诚信的，并且其后答辩人也多次讨要剩余的股权转让款，原告推诿、拖延，导致两答辩人无奈之下才寻找其他受让人。①

法院判决：王某、李某对高某两人承担违约责任，双倍返还定金。

二、本案争议焦点

本案的争议焦点有两个：一是高某两人与王某、李某签订的《股权转让协议》是否已经解除；二是王某、李某是否应双倍返还定金。

三、本案重点、难点

1. 高某两人为何丧失股东身份？

本案中，王某、李某与高某两人的股权转让事项已经 Z 公司全体股东同意，并签订了《股权转让协议》，高某两人支付了股权转让的定金、参与了 Z 公司召开的确认新股东股权的股东会。所以王某、李某与高某两人签订的《股权转让协议》没有侵犯现有股东权益，其股东身份也获得所有现有股东的认可。但是，由于没有进行股权变更登记，在面对同样通过《股权转让协议》获得股权，并经股东会确认，且进行变更登记的葛某时，除非证明非善意第三人，否则不能对抗其权利诉求。

2. 葛某签订《股权转让协议》后，为何能成为股东？

葛某与李某、王某签订《股权转让协议》虽也经原股东会决议通过，但似乎侵犯高某两人的在先权益。高某两人已经支付了股权转让的定金，并参与了 Z 公司召开的确认新股东股权的股东会。但是，经济活动中，要求每个商事主体清楚了解交易相对人的详细资信情况特别是其内部事务是不可能的，也不符合商事领域最重要的效益原则，因此，外观主义的遵循十分必要。

《中华人民共和国公司法》（以下简称《公司法》）第 32 条规定，公司应当将股东的姓名或者名称向公司登记机关登记；登记事项发生变更的，应当办理变更登记。未经登记或者变更登记的，不得对抗第三人。还有《民法典》第 65 条规定，只有变更登记才能对抗善意第三人。因此，即使李某、王某违背诚信原则"一股两卖"，在不能够证明葛某为非善意第三人的情况下，高某等两人的在先权利不能形成对葛某股东权的对抗。与保护高某两人在先权利相比，高某两人作为市场主体，未能谨慎保护自己的权益及时办理登记而自担损失，更有利于提高整个市场的经济效益。

---

① 安徽省池州市贵池区人民法院民事判决书（2019）皖 1702 民初 4441 号。有删改。

■ 案例二

一、案件事实与判决

G 有限公司注册资本为 1 000 万元人民币，股东为唐某、黄某。其后，兰某通过受让该两人的部分股权，成为公司持股 20% 的股东。2010 年 6 月 3 日，兰某和陈某签订《股权转让协议》，约定：兰某自愿将其持有的公司 20% 的股权一次性转让给陈某，转让费为人民币 2 000 万元。同日，唐某与黄某签订了《股权转让协议》，将唐某持有的公司股权全部一次性转让给黄某。当天，G 公司召开了股东会并作出决议，同意兰某与陈某及唐某与黄某之间的股权转让。股权转让生效后，公司股东变为黄某持股 80%，陈某持股 20%。9 月 7 日，黄某贵（甲方，黄某之父）、陈某（甲方）与兰某（乙方）签订《补充协议》，约定：兰某愿意将持有公司的 20% 股权转让给陈某，股权的对价为人民币 2 000 万元，分两次付清，9 月 6 日前甲方支付 500 万元；10 月 30 日前支付完毕尾款 1 500 万元。本次股权转让的受让方，是由黄某贵指定安排的。黄某贵作为公司的实际控制人，承诺并保证按时支付前述款项。协议末尾有黄某贵和兰某签字，陈某并未在协议上签字。9 月 26 日兰某持有的 20% 股权变更登记在陈某名下。同日，黄某贵出具《欠条》给兰某：根据约定，黄某贵（或其实际控制的有关企业）须支付给兰某人民币 2 000 万元。黄某贵承诺将于 2010 年 11 月 1 日前支付完毕全部款项。2012 年 9 月 14 日，黄某贵在该份《欠条》上备注说明：还有 1 500 万元未支付。

2014 年兰某起诉要求黄某贵、陈某立即支付其欠款 1 500 万元及逾期付款的违约金。黄某贵辩称公司 20% 的股权变更登记于陈某名下，黄某贵不是该股权的实际受让人，与陈某之间也不存在代持股关系；兰某分别与陈某和黄某贵签订转让协议，属于一股二卖，且转让协议没有通过股东会决议同意，应为无效协议。陈某辩称无力向兰某支付 1 500 万元的股权转让款，可以配合将公司 20% 的股权恢复至兰某名下。

法院判决：黄某贵支付兰某股权转让款人民币 1 500 万元及上述款项逾期付款的利息，驳回兰某对陈某的诉讼请求。①

---

① 云南省高级人民法院民事判决书（2015）云高民二终字第 174 号。有删改。

二、本案争议焦点

本案的争议焦点有两个：一是兰某与黄某贵签订的《补充协议》是否有效；二是陈某、黄某贵是否应承担还款责任。

三、本案重点、难点

1. 黄某贵能否以非公司登记股东主张不承担还款责任？

黄某贵以非公司登记股东，其与兰某之间的《补充协议》未经 G 公司股东会通过，陈某也未在《补充协议》上签字同意为由主张不承担还款责任，但是陈某对黄某贵借用自己名义受让股权的事实予以了确认，《最高人民法院关于适用〈中华人民共和国公司法〉若干问题的规定（三）》（以下简称《司法解释三》）第 24 条确立了实际出资人与名义出资人的合法地位。

6 月 3 日，兰某和陈某签订的《股权转让协议》实际为名义股权受让人与股权转让人的合同，陈某经登记后成为名义股东，名义股东不承担出资义务，除非根据《司法解释三》第 26 条的规定，遇到公司债权人以登记于公司登记机关的股东未履行出资义务为由，请求其对公司债务不能清偿的部分在未出资本息范围内承担补充赔偿责任之时；黄某贵与兰某之间的《补充协议》是实际股权受让人与股权转让人的合同，名义股权受让人未签名不影响其效力，也无须经 G 公司股东会通过，黄某贵作为实际出资人虽未登记为股东但却应承担出资义务，因此，黄某贵同样不是善意相对人，不能用登记对抗兰某付款请求，作为实际出资人理应履行其对兰某的支付股权转让金的承诺。

2. 陈某是公司登记股东，为何不承担还款责任？

2010 年 6 月 3 日，兰某和陈某签订《股权转让协议》，约定兰某自愿将其持有的公司 20% 的股权一次性转让给陈某；9 月 26 日申请变更登记，兰某持有的 20% 股权变更登记在陈某名下。

如果仅看以上事实，陈某应当支付股权转让款。但事实上陈某始终未支付任何股权转让金，对陈某为黄某贵代持股权人，黄某贵为实际股权受让人的事实，兰某、黄某贵、陈某三人是知情人，所以，兰某诉讼前讨要股权转让金的对象始终不是陈某，黄某贵诉前也未表达过异议，相反始终对支付全部股款予以承诺。因此，陈某并非实际出资人，也非真实 G 公司股东。对以上事实，作为与黄某贵签订《补充协议》的当事人兰某十分清楚，因此，兰某不是善意相对人，不能因陈某是公司登记的受让 20% 股权的股东，而要求其承担支付股权转让金的义务，也就是说这时外观主义原则不能适用。

案例三

一、案件事实与判决

2011 年 12 月 26 日，上海 A 公司与宋某签订房屋租赁合同一份，约定：A 公司将位于宝山区罗芬路一套房屋出租给宋某商业使用。租赁用途为生物能体检（养身、旅店、餐饮）中心。合同约定租期自 2012 年 5 月 1 日起至 2017 年 4 月 30 日止。2013 年 4 月 15 日，B 宾馆经核准登记成立，上述房产被登记为公司住所地，法定代表人为宋某，经营范围为宾馆。2017 年 8 月 28 日宋某死亡。2018 年 7 月 3 日，A 公司向 B 宾馆发函表示已经在 3 月 22 日通知 B 公司进行搬离并归还房产，现再次通知 2018 年 8 月 5 日前搬离并交还所使用的房屋，结清所有款项。A 公司提供了以往的租金支付凭证、租金台账、发票，可证明付款单位是 B 宾馆。A 公司起诉请求解除与 B 宾馆的租赁合同，并要求 B 宾馆从房屋中清空、搬离，支付所欠租金及使用费。

法院判决：解除 A 公司与 B 宾馆订立的房产租赁合同；B 宾馆从上述房屋中清空、搬离，并向 A 公司支付所欠租金及使用费。[①]

二、本案争议焦点

本案的争议焦点有两个：一是 B 宾馆是否承担房屋租赁合同违约责任；二是宋某死亡后，B 宾馆主体资格是否随之终止。

三、本案重点、难点

1. 宋某与 B 宾馆的法律关系？

宋某是 B 宾馆的法定代表人。《公司法》第 13 条规定，公司的法定代表人依照公司章程的规定，可以由董事长、执行董事或者经理担任。与自然人的法定代理人不同，公司法定代表人通过合同聘任和解聘，所以并非固定不变。《民法典》第 61 条规定了法定代表人的定义，即依照法律或者法人章程的规定，代表法人从事民事活动的负责人。并明确法定代表人以法人名义从事的民事活动，其法律后果由法人承受。需要注意的是，法定代表人需要在登记后才能对外代表法

---

① 上海市宝山区人民法院（2019）沪 0113 民初 14301 号，原文较长。有删改。

人进行意思表示，否则同样不得对抗善意第三人。《民法典》第 532 条规定，合同生效后，当事人不得因法定代表人的变动而不履行合同义务。所以宋某去世并不影响 B 宾馆对外履行合同义务。B 宾馆主体资格只有注销登记才消灭，而不会随其法定代表人去世而丧失。并且无论宋某是否去世，B 宾馆都可以另行聘任法定代表人。

2. B 宾馆是否承担房屋租赁合同违约责任？

2011 年上海 A 公司与宋某签订房屋租赁合同时，B 宾馆尚未成立。2013 年 B 宾馆成立，登记的住所地为房屋租赁合同中的房产，宋某既为发起人又是法定代表人，且 B 宾馆占用房产开展经营活动，行使了房产的使用权，并承担了支付房产租金的义务，充分说明 B 宾馆承续了宋某在房屋租赁合同中的地位，对此 A 公司也未提出异议。因此，在 B 宾馆成立后，房屋租赁合同的当事人已经实际上为上海 A 公司和 B 宾馆。对此，《司法解释三》第 2 条规定，发起人为设立公司以自己名义对外签订合同，合同相对人请求该发起人承担合同责任的，人民法院应予支持；公司成立后合同相对人请求公司承担责任的，人民法院应予支持。宋某是 B 宾馆发起人，虽以自己名义签订的合同，但 B 宾馆实际占有、使用该房产开展经营活动，并直接支付租金给 A 公司，因此，B 宾馆应承担房屋租赁合同的违约责任。

第三节 知识拓展与伦理分析

本节将通过对三个问题的阐释，进一步揭示登记制度在公司法中的重要地位与作用，并以法律对名义股东和实际出资人的规定为例，对秩序和自由价值之间的关系进行了分析。

一、商法的外观主义原则

大陆法系称其为"外观原理"，英美法系称其为"禁反言"，是效益价值在商事活动中的重要体现，也是诚信原则的延伸。

与民事法律的价值基础不同，为提高市场交易的效率性、安全性、稳定性，对商事主体意思表达的真实性要求降低，而以商人的行为外在表现认定其意思表示，特别是公示公信行为，由此形成外观主义原则。其含义是当行为人公示事项与事实不符时，交易相对人可依公示内容主张权利。外观主义原则是商法中的基本原则。在公司法中，登记制度是外观主义原则应用的重要领域。登记是重要的公示公信行为，因此，登记内容就成为认定商行为人意思表示的重要依据。商外观主义着眼于对商交易行为的合理推定，目的在于保护不特定相对人的利益和社会交易安全，提高商行为效率，降低经济活动中探求双方真实意思的交易成本。但其适用范围不能任意扩张，一般需要适用于法定事项，并且往往规定了限制性条件，例如是否善意相对人。

二、公司的自治性

与自然人不同，公司是若干人出资设立（一人公司除外），共同管理一项事业的组织。公司、股东、管理者、职工等利益相关者之间的关系主要靠各类合同来维系，合同自由是合同法律关系处理的重要原则，因此，公司自治理念成了公司法理论与实践的重要基石。当然，公司拥有自治权，有利于激发其经营积极性、主动性和创造性。

（一）公司自治的法律依据

首先，《中华人民共和国宪法》中依据企业所有制不同，分别规定了在法律规定的范围内企业享有的自治权限。第 16 ~ 17 条规定，国有企业在法律规定的范围内有权民主管理、自主经营；集体经济组织在遵守有关法律的前提下，有独立进行经济活动、民主管理的自主权。第 11 条规定："国家保护个体经济、私营经济等非公有制经济的合法的权利和利益。"第 18 条规定："在中国境内的外国企业和其他外国经济组织以及中外合资经营的企业，都必须遵守中华人民共和国的法律。它们的合法的权利和利益受中华人民共和国法律的保护。"

其次，《民法典》第 57 条规定了法人的合法地位，并明确法人依法独立享有民事权利和承担民事义务。第 268 条规定："国家、集体和私人所有的不动产或者动产投到企业的，由出资人按照约定或者出资比例享有资产收益、重大决策以及选择经营管理者等权利并履行义务。"第 269 条进一步规定："营利法人对其不动产和动产依照法律、行政法规以及章程享有占有、使用、收益和处分的权利。"

最后，《公司法》第 3 条、第 5 条具体规定公司是企业法人，有独立的法人财产，享有法人财产权。除遵守法律、行政法规，遵守社会公德、商业道德，诚实守信，接受政府和社会公众的监督，承担社会责任外，其合法权益受法律保护，不受侵犯。

以上法律充分显示法律法规对公司自治权的确认和保护，当然也为公司自治权设置了必要的边界。行政机关、司法机构需要在法律、行政法规规定的职权之内行使对公司的监管权力，而不能随意干预公司的经营和民主管理活动。

（二）公司自治的内部规范依据

公司自治主要依靠各类内部协议和规范，其中核心是公司章程和股东（大）会、董事会、监事会的决议等。

内部协议首先是股东之间的投资协议；其次是公司聘用管理者和职工的劳动合同。内部规范包括公司章程和各类民主管理的规章制度。股东（大）会、董事会的决议也是公司自治的重要依据。其中，公司章程作为法定文件、公示文件在公司内部具有最高效力。对此，《公司法》第22条规定，公司股东（大）会、董事会的召集程序、表决方式违反公司章程，或者决议内容违反公司章程的可申请撤销。

（三）公司自治的方式

公司自治是股东对公司的民主管理，但与国家和社会的民主管理方式不同。首先，公司是股东资本联合而成立，在受益与风险均衡的理论下，形成"资本多数决"的民主管理体制，即股东在公司自治中的决策权大小根据出资进行分配。其次，资本多数决原则存在不利于充分调动股东积极性和容易出现权益严重失衡状况，故而出现强调人合性的有限责任公司类型。即股东在公司自治中的决策权大小可以自由约定，不限于按照出资标准。《公司法》第42条规定："股东会会议由股东按照出资比例行使表决权；但是，公司章程另有规定的除外。"同时，为避免自治权的不当行使，此种类型的公司对股权转让就有了特殊限制。《公司法》第71条规定，有限责任公司的股东之间可以相互转让其全部或者部分股权。但是，向股东以外的人转让股权，应当经其他股东过半数同意。且在同等条件下，其他股东有优先购买权。当然，如果股东认为没有必要的，法律授权公司章程可对此另行规定，即不对对外转让股权进行限制。

三、名义股东与实际出资人

《司法解释三》第24条首次确认了名义股东与实际出资人存在的合法性，明确规定："有限责任公司的实际出资人与名义出资人订立合同，约定由实际出资人出资并享有投资权益，以名义出资人为名义股东，实际出资人与名义股东对该合同效力发生争议的，如无法律规定的无效情形，人民法院应当认定该合同有效。"同时规定，实际出资人经公司其他股东半数以上同意，可以请求公司签发出资证明书、载入股东名册、载入公司章程并办理变更登记从而成为"正式"

股东。对于两者的关系问题，《司法解释三》规定，实际出资人享有投资权益，名义股东不得否认实际出资人权利，但是，公司债权人可以以名义股东未履行出资义务为由，请求其对公司债务承担补充赔偿责任，当然，名义股东可以向实际出资人追偿。名义股东将登记于其名下的股权转让、质押或者以其他方式处分，符合善意取得则有效，同时名义股东处分股权造成实际出资人损失的，名义股东应当承担赔偿责任。以上规定兼顾了主体意思自治和社会公益的维护，充分体现内外有别，弘扬了自由、平等、公正、法治、诚信、友善的价值观。

一般实际出资人与名义股东往往出现在公司设立阶段，本章第二个实例则是股权转让中出现了实际出资人与名义股东，法院正是参照司法解释中的规定处理了案件，但是，对实际出资人与名义股东的合意是否存在说理太少。

第二章 隔离股东风险的有限责任

本章阐释有限责任的基础知识，以案例分析加深理解，提高应用能力，使学生明了有限责任对公司、股东、管理层及其他利益相关人的意义和价值，清楚有限责任与无限责任的区别，明确有限责任的功能与不足，既能学会用有限责任维护股东、管理层权益，又能运用法人人格否认法理保护受到滥用股东权利和有限责任损害的其他主体权益。

第一节 基础知识

本节从法人、法定代表人、股东、股东的有限责任的文义含义入手，阐释了法人与法定代表人、股东与公司的关系，重点分析了股东有限责任的含义及其例外，即法人人格否认制度，力图帮助学生在涵养中国传统文化、培养家国情怀的基础上，初步掌握作为公司制度重要优势的有限责任的功能及其局限性。

一、法人与法定代表人的含义

"人"在甲骨文中是象形字，字形像是垂臂在前的直立形象，篆文中则出现弯腰向前的形象，被解释为双手采摘或锄地。《说文解字》中说："人，天地之性最贵者也。"《礼·礼运》中赞美说："人者，其天地之德，阴阳之交，鬼神之会，五行之秀气也。"被称为当代字圣的萧启宏在《从人字说起》一书中写了这样一段经文："撇捺互撑，站立为人。伏羲姓妊，女娲造人。人音通仁，仁义为本。不行仁义，非是真人。"它全方位对"人"字进行了阐释。

法人是自然人的对称，顾名思义是指法律创造出的主体，其与自然人不同，权利能力与行为能力同时产生、同时消灭，之所以如此归根结底是代表其做出意思表示的主体必须是具备相应权利能力与行为能力的自然人。因此，与自然人行为有效性和真实意思密切相关不同，法人行为有效性更多考察意思表示主体对法人意思的代表性。"表"的本义是用野兽毛皮制成的外衣，由此引申为外部、外面。法人作为组织体只能依赖具有相应代表权限的自然人对外做出意思表示。

《民法典》第 61 条规定了法定代表人的定义，即依照法律或者法人章程的规定，代表法人从事民事活动的负责人。因此，法定代表人是法人意思表示的法定主体。但除此之外，法人的其他管理者、员工都可以依据委托或授权，获得一定的代表公司意思的权限。另外，与自然人一样，法人也可以委托第三人担任代理人对外做出意思表示。《公司法》第 3 条规定："公司是企业法人，有独立的法人财产，享有法人财产权。公司以其全部财产对公司的债务承担责任。"也就是说，公司与自然人一样对外以全部财产承担责任。

二、股东

"股"，《说文解字》中称："股，髀也。从肉，殳声。"膝上曰股，膝下曰胫，即从胯骨底端至膝盖的部分，都称为股。"头悬梁锥刺股"的故事相信大家都耳熟能详。"股"后来被引申为指重要的人，例如《尚书·虞书》中说："帝曰：臣作朕股肱耳目。予欲左右忧民，汝翼。"即舜帝说：大臣就像我的大腿、臂膀和耳目一样，我忧虑百姓疾苦，你来辅佐我帮助百姓安居乐业。"股"又演变为指"事物的分支或一部分"，如大家熟知的"八股文"。

"东"字构型说法不一。许慎认为"东"是会意字，《说文解字》中说："动也。从日在木中。"其意思是太阳刚刚从树后升起，太阳升起的方向就是东方。但也有人指出从甲骨文中看，更像是编制的篓子，而不像树林。"东"字的来龙去脉，可以说至今还是个未解之谜。"东"字后被引申为主人，因为古时主位在东，宾位在西。

"股东"两个字合起来，首先就有多人合作之意，其次强调所有人都是东家，有共同做主的意思。

股东按照不同分类标准，可以分为不同种类。按照出资时间可以划分为原始股东与继受股东。公司成立前认缴或认购出资的股东在公司成立后称为原始股东，公司成立后通过股权转让成为股东则称继受股东。按照股权种类不同可以划分为优先股股东与普通股股东。优先股股东往往以出让表决权为代价换取固定股息和公司清算时优先于普通股股东分配剩余财产的特权。

三、股东的有限责任

"限"在西周金文里，左边像连绵山丘，右边上面像大大的眼睛，下面是个人，合起来被认为是视线被高山所阻挡，所以本义是阻隔、阻挡。"有限"合起来就有受到限制，阻隔之意。

"责"在甲骨文中从贝，从束，被理解为用尖木刺取贝中肉，引申为求索、索取之意。如《左传·桓公十三年》中说："宋多责赂于郑，郑不堪命。""任"字的甲骨文构型由一个人形和一根针组成，表通过之意，也被会意理解为承担重担。如"任重道远"。所以"责任"合起来有被动承担重担的意思。

《公司法》第3条第二款规定："有限责任公司的股东以其认缴的出资额为限对公司承担责任；股份有限公司的股东以其认购的股份为限对公司承担责任。"就按照公司类型不同为股东设置了责任的限制，即以"认缴""认购"为限。

"认"在《新华词典》中有4种含义，包括分辨、承认、与本来没有关系或关系不明确的人建立或确认某种关系、虽不情愿也只能接受。显然"认缴""认购"中的"认"应当为第2种，即"承认"之意。古语中"认"为"言"字边，所以"认缴""认购"意为确认缴纳或购买之意。

因此，股东对公司承担的责任应为有限责任，即以其承诺缴纳或购买的出资为限对公司承担责任，股东其他财产被阻隔在外，不对公司承担责任。

有限责任被看成公司制度的重要优势，在此之前各类企业的投资者对企业都承担无限责任，即对企业不能清偿的债务，其投资者需用全部财产予以清偿，而不限于投入企业用于经营的财产。所以，英国1855年《有限责任法》曾被称为"无赖特许状"。曼彻斯特商会宣称，该项法案毁灭性地破坏了合伙法律中由来已久的高度道德责任感。因此，有限责任在使投资风险可控的同时，增加了交易风险，尤其是其中商事主体的道德风险。

四、公司法人人格否定制度

《公司法》第20条第三款规定："公司股东滥用公司法人独立地位和股东有限责任，逃避债务，严重损害公司债权人利益的，应当对公司债务承担连带责任。"这一规定移植于西方的公司法人人格否定制度，也被称为"刺穿公司面纱"，是一项对商事主体道德风险发生时的制裁措施，也是弥补有限责任制度弊端的制度。

首先，公司法人人格否定制度不构成对公司法人独立地位和股东有限责任的否定。《九民纪要》指出："公司人格独立和股东有限责任是公司法的基本原则。否认公司独立人格，由滥用公司法人独立地位和股东有限责任的股东对公司债务承担连带责任，是股东有限责任的例外情形，旨在矫正有限责任制度在特定法律事实发生时对债权人保护的失衡现象。"所以不能任意扩大公司法人人格否定制度的适用范围。

其次，公司法人人格否定制度适用条件严格，即必须能够证明公司股东存在"滥用公司法人独立地位和股东有限责任，逃避债务，严重损害公司债权人利益的"的情形。《九民纪要》进一步规定了适用的限制：一是必须滥用公司法人独立地位及股东有限责任的行为严重损害了公司债权人利益，即致使公司财产不足以清偿公司债权人的债权。二是只对实施了滥用法人独立地位和股东有限责任行为的股东，其他股东不应承担此责任。三是公司人格否认不是全面、彻底、永久地否定公司的法人资格，而只是在具体案件中依据特定的法律事实、法律关系，例外地判令其承担连带责任。并明确规定了人格混同、过度支配与控制、资本显著不足等的具体表现，为实践中正确适用《公司法》第 20 条第三款提供了重要参考依据。

第二节　理解与应用

本节将通过两个真实案例，对有限责任和法人人格否定制度进行深入分析，通过学生自主总结案件焦点、解决重点和疑难问题的活动，加深对有关理论和法律规定的理解，提高应用能力，并在真实案例的分析中，融入社会伦理和个人品格分析和教育，实现价值塑造的教育目标。

■ 案例一

一、案件事实与判决

J 公司为有限责任公司，2015 年 11 月 11 日在公司会议室召开股东会，会议应到 2 人，实到 2 人，形成增加注册资本决议，具体内容如下：变更注册资本为 1 000 万元，翟某以货币形式认缴出资 800 万元，翟某梅同样以货币形式认缴出资 200 万元，出资缴付截止时间均为 2025 年 11 月 11 日。

2015 年 10 月 21 日，王某与 J 公司签订《J 连锁网点交易平台服务协议》，协议约定王某在 J 公司网站经营连锁网点，J 公司负责系统运行、功能升级及技术支持，王某负责商品上架、仓储物流及售后服务。商品销售货款由 J 公司统一收取，可结算货款高于 600 元人民币时，王某可随时向被告提出结算申请，J 公司在 7 个工作日内完成确认并汇款。截至 2018 年 11 月 30 日，王某在 J 公司网站的账户余额为 390 余万元。王某依约提出结算申请，J 公司却未能按约结算。

王某起诉 J 公司、翟某和翟某梅请求解除合同，并要求 J 公司按约结算账户余额，翟某和翟某梅对以上债务承担连带责任。翟某二人辩称 J 公司系合法存在独立法人，现仅为经营困难，并不存在法人资格否定之情形，且股本金缴纳期间尚未届满，因此不应承担补充赔偿责任。另据其他法院生效执行裁定书，J 公司名下已无财产可供执行。

法院判决：翟某在未出资 720 万元、翟某梅在未出资 180 万元范围内对 J 公司不能清偿王某的 390 余万元债务承担补充赔偿责任。[①]

二、本案争议焦点

本案的争议焦点主要是翟某、翟某梅作为股东是否对 J 公司债务承担责任，以及在股东出资期限未到期情况下能否加速到期。

三、本案重点、难点

1. 翟某、翟某梅作为股东为何对 J 公司债务承担责任？

《J 连锁网点交易平台服务协议》是王某与 J 公司签订，因此，应由 J 公司承担协议履行义务。根据《民法典》和《公司法》的规定，J 公司作为营利性法人应当以其全部资产对外承担责任。本案中，J 公司名下已无财产可供执行，一般情况下，王某难以求偿，但是，《公司法》第 3 条第二款规定，有限责任公司的股东以其认缴的出资额为限对公司承担责任。翟某以货币形式认缴出资 800 万元，翟某梅同样以货币形式认缴出资 200 万元，因此，翟某、翟某梅有义务在其认缴的出资范围内对公司承担责任。由上文可知，公司注册资本 1 000 万元，翟某仅实际出资 80 万元、翟某梅仅实际出资 20 万元，仅完成 1/10 的出资义务，J 公司没有足够资产偿债与前述股东没有完成出资义务存在因果关系。因此，在其余下尚未缴付的认缴出资范围内，翟某、翟某梅作为股东仍应对 J 公司债务承担责任。

2. 债权人能否直接向翟某、翟某梅提出债务清偿请求？

《司法解释三》第 13 条规定："公司债权人请求未履行或者未全面履行出资义务的股东在未出资本息范围内对公司债务不能清偿的部分承担补充赔偿责任的，人民法院应予支持。"因此，在对外债务清偿顺序上，先是公司以其全部资产对外承担责任，在公司无财产可供执行的情况下，才会要求股东以其认缴的出资额为限对公司债务承担责任。所以，债权人请求公司未履行或者未全面履行出资义务的股东在未出资本息范围内对公司债务承担赔偿责任，必须举证证明公司

---

① 河北省石家庄市中级人民法院民事判决书（2020）冀 01 民终 1917 号。有删改。

丧失清偿债务能力。这既是对公司独立法人地位的确认,也是对投资者权益的特殊保护。

3. 翟某、翟某梅对 J 公司债务承担责任是否侵犯股东期限利益?

《九民纪要》对股东出资应否加速到期问题在第 6 条予以阐释。它指出,在注册资本认缴制下,也就是 2013 年《公司法》第三次修正后,股东依法享有期限利益。债权人不能以公司不能清偿到期债务为由请求未届出资期限的股东在未出资范围内对公司不能清偿的债务承担补充赔偿责任。但是,同时规定了两种除外情形:"(1)公司作为被执行人的案件,人民法院穷尽执行措施无财产可供执行,已具备破产原因,但不申请破产的;(2)在公司债务产生后,公司股东(大)会决议或以其他方式延长股东出资期限的。"本案中,J 公司已无可执行财产但未申请破产,显然属于第一种,所以法院认为未届出资期限的两股东仍应对王某承担相应责任。

案例二

一、案件事实与判决

H 公司是 2004 年成立的有限责任公司,注册资本为 180 万元,周某湘(出资 99 万元)、杨某(出资 81 万元)。周某湘任公司法定代表人,2016 年变更为周某庭。

2010 年,H 公司与 D 公司签订《技术服务合同》,由 D 公司为 S 公司在伊拉克的油田提供技术服务,H 公司向其支付技术服务费。2012 年底,周某湘在英属维尔京群岛成立了 W 公司,该公司股东及董事均为周某湘。周某湘以 H 公司的名义通知 S 公司将应支付给 H 公司的款项向 W 公司付款,再通过第三人换汇将上述资产累积 695 余万美元转移到其自身及其爱人的账户,并用于理财、为其夫妻共同所有的房产还房贷等用途。

2014 年底,《技术服务合同》期满终止,因拖欠技术服务款产生争议,D 公司诉至法院。2018 年法院作出民事判决书,H 公司应向 D 公司支付技术服务款 703 余万元及实际付清款项之日期间的滞纳金。但是,H 公司账户款项不足以偿还 D 公司债权,法院判决生效后两年多仅执行到 99 749 元,且无其他可执行财产。故 D 公司起诉周某湘,要求其对 H 公司对 D 公司的债务承担连带清偿责任。周某湘辩称 W 公司已被 H 公司收购,且从 H 公司将财产转移出去是为了保护公司利益,并且已经把财产重新转移给 H 公司,不构成滥用股东权利。

法院判决：周某湘对判决书确定的 H 公司对 D 公司的债务承担连带清偿责任。[①]

二、本案争议焦点

本案的争议焦点有两个：一是本案是否存在否认公司人格情形；二是周某湘对 H 公司的债务是否承担连带清偿责任。

三、本案重点、难点

1. 否定公司法人人格的情形有哪些？

《九民纪要》规定了三种否定公司法人人格的情形。

第一，人格混同。包括：（1）股东无偿使用公司资金或者财产，不作财务记载的；（2）股东用公司的资金偿还股东的债务，或者将公司的资金供关联公司无偿使用，不作财务记载的；（3）公司账簿与股东账簿不分，致使公司财产与股东财产无法区分的；（4）股东自身收益与公司盈利不加区分，致使双方利益不清的；（5）公司的财产记载于股东名下，由股东占有、使用的；（6）人格混同的其他情形。

第二，过度支配与控制。包括：（1）母子公司之间或者子公司之间进行利益输送的；（2）母子公司或者子公司之间进行交易，收益归一方，损失却由另一方承担的；（3）先从原公司抽走资金，然后再成立经营目的相同或者类似的公司，逃避原公司债务的；（4）先解散公司，再以原公司场所、设备、人员及相同或者相似的经营目的另设公司，逃避原公司债务的；（5）过度支配与控制的其他情形。

第三，资本显著不足。即公司设立后在经营过程中，股东实际投入公司的资本数额与公司经营所隐含的风险相比明显不匹配。但要与公司采取"以小博大"的正常经营方式相区分，因此，在适用时要十分谨慎，应当与其他因素结合起来综合判断。

2. 周某湘的行为属于哪一种否认公司法人人格的情形？

就本案来看，周某湘作为 H 公司的两个股东之一，长期担任公司法定代表人（2004～2016 年），向 S 公司提出换收款账户要求，容易取得信任，然后利用

[①] 北京华油力普科技有限公司等与中国石油集团西部钻探工程有限公司 D 公司技术服务公司二审民事判决书（2020）京 03 民终 7261 号。有删改。

为 W 公司股东及董事的便利转移公司财产挪为私用，显然是充分利用其对 H 公司和 W 公司的支配、控制地位实施了损害 H 公司、H 公司股东、H 公司债权人的行为，并导致 D 公司债权无法实现的严重后果。所以周某湘的行为符合了过度支配与控制的特征，应对 H 公司的债务承担连带责任。

3. 是否可以略过公司直接起诉股东承担连带清偿责任？

《九民纪要》指出："债权人对债务人公司享有的债权尚未经生效裁判确认，直接提起公司人格否认诉讼，请求公司股东对公司债务承担连带责任的，人民法院应当向债权人释明，告知其追加公司为共同被告。债权人拒绝追加的，人民法院应当裁定驳回起诉。"显然不支持在债权没有经法院生效判决确认的情形下单独起诉股东，但可将公司列为共同被告。另外，D 公司在起诉 H 公司时如同时起诉周某湘，则可以节约诉讼成本和费用，提高诉讼效能。

第三节　知识拓展与伦理分析

本节通过阐释代理风险、道德风险对有限责任制度的冲击，拓展有限责任所涉及的理论，并在股东对公司的连带责任研讨中进一步延展公司法人人格否定制度，从而激发学生创新思维。

一、公司治理中的代理风险

现代企业内部资产所有权和经营权日益分离，投资人将资产的支配权和使用权转让给职业经理人后，可以有效提高企业管理的专业化水平，但是职业经理人与企业所有者在目标、动机、利益、权利、责任等方面存在着差异，企业所有者有因职业经理人失德而遭受利益损失风险的可能，在经济学中被称为代理风险。而公司可能遭受的代理风险不仅来自职业经理人，也包括股东。

公司制度存在的基础是合作经营的契约，其中股东之间的权利义务分配、公司管理机构的架构无不包含委托代理关系、信息不对称和成本控制，导致对职业经理人、股东个人道德风险约束困难。大股东在资本多数决原则的支持下通过对公司的控制和支配实现对小股东的掠夺，管理者利用自己掌握经营权，控制和支配公司人财物的特殊优势实现对公司财产和利益的掠夺，其他员工也可能利用代理部分公司事务的机会攫取属于公司的利益。

法律既要保护公司自治，促进"创业""创新"，又需在必要时干预公司内部事务管理，防范、减少代理风险带来的交易秩序破坏、社会资源的浪费。因此，法律一方面需要对敬业、自由、诚信、友善、和谐等道德品格的伸张；另一方面也需要对损人利己、欺诈、无信、无良行为的制裁。如本章第一个实例中对股东未到期出资享有的期限权益的剥夺，第二个实例中对大股东、董事长利用特殊地位掠夺公司利益的行为实施公司人格否定，突破股东有限责任的藩篱的制裁。除此之外，在《司法解释三》中还规定对股东未履行或者未全面履行出资义务负有责任的董事、高级管理人员需承担相应责任等。

二、有限责任的道德风险

与无限责任相比，有限责任的道德风险更大。在公司制度出现以前，投资者是将自己的全部财产用作生产经营的偿债担保，为降低自身风险，在诚信、遵守法律和善良风俗方面具有更大的自觉性和积极性。在公司制度出现以后，公司的投资者仅以其认缴的出资对公司承担风险，投资者的财产与公司的财产彻底分离，投资者的利益与公司的利益不再完全一致，当其自身所获的利益超过其可能从公司获取的利益，或者其自身蒙受的损失低于公司所受的损失时，基于商人获得利益最大化的需求或欲望，牺牲公司利益在所难免，与公司利益相关的其他利益主体也会因此受到损害。

股东有限责任制度在进一步完善经济制度的同时，也对社会的道德水平提出了更高要求。除了法治，和谐、诚信、友善、敬业等优良道德品格也是公司制度健康发展的重要基石。因此，法律应对有限责任的道德风险进行防范，例如公司的发起人需对出资不足的股东承担连带补足出资的责任，公司人格否认制度更是股东有限责任制度的重要补充。

三、股东承担连带责任的界限

在公司法人人格否认制度中，股东对公司承担连带清偿责任的有无限度存在争议。比如本章第二个实例中，股东周某湘认缴出资额是 99 万元，法院判决承担连带责任的数目总计 700 多万元，如果有新的类似债权出现，周某湘是否应继续承担连带责任、有无边界是司法实践必须回答的问题。

基于寻求市场经济持续、稳定发展的目的，法律需要既发挥公司有限责任的优势特征又允许合理规避交易风险，在鼓励投资积极性、激发创业热情、控制经营风险和维护市场交易安全之间保持平衡，为净化市场形成优良商业习俗，还应对不诚信、欺诈等不道德攫取他人合法劳动成果的行为形成足够打击力。因此，对连带责任的边界不应本着风险与利益平衡原则，以不道德和违法行为人获益为边界，具体到本章第二个实例中，周某湘对 H 公司对外债务承担连带责任是以其给 H 公司、D 公司所造成的损失为边界，仍属于补偿性赔偿，为更有力地打击、惩治利用公司独立法人地位和股东有限责任损害公司利益、公司债权人利益的行为，建议推行惩罚性赔偿机制，即不以滥用权利的股东从公司获取的财产为承担连带责任的边界，而以其从公司获取的财产及收益与给公司造成的损失中金额大的一个为承担连带责任的界限。

第三章　股东意志最高体现的自治章程

本章阐释公司章程的基础知识，以案例分析加深理解，提高应用能力，使学生明了公司章程对公司、股东、管理层的意义和价值，清楚公司章程与法律规定的关系，明确公司章程的功能与不足，能够学会用公司章程维护公司、股东、管理层的权益，减少股东、公司、管理层之间的矛盾与纠纷。

第一节　基础知识

本节从章程的文义含义入手，对章程的制定和修改、主要内容、效力进行阐释和分析，力图帮助读者在涵养中国传统文化、培养家国情怀的基础上，初步理解章程的性质、特征和功能。

一、章程的文义含义

各类教材中，一般会把章程定义为对组织及其成员具有约束力的自治规则，最多再加上制定者或强调其为法定文件，对章程本意探讨较少。同时，因为章程被看成舶来品，对其本意和内容的研究多从境外法治实践入手。

虽然章程这一事物源自国外，但译成我国文字后，已经渗入我国文化元素，必须结合我国文化背景、立足我国法治发展实践理解和阐释其含义。

根据《说文解字》，"章"由"音"和"十"两个字组成，其中，"音"指"音乐"；"十"不是指数目，是"竟"的意思，即终结、结束，因此会意出"章"是指乐曲演奏完一遍。"章"后来引申出文章、印章的用法。这两个意思都强调了其指代的事物在完成上具有一定时间的持续性，且有始有终，而且都具有可以继续完善、不断提高的特点。大约基于其这种特性，在我国古代典籍中"章"经常成为法度的代称，如《史记·秦始皇本纪》中说："秦圣临国，始定刑名，显陈旧章。"

在《说文解字》里："程，品也。十发为程，十程为分，十分为寸。从禾，呈声。"因此，"程"是古代的度量单位，也可以看成测量标准。《诗·小雅·小旻》中说："哀哉为犹，匪先民是程，匪大犹是经。"《吕氏春秋·慎行》中说："为义者则不然，始而相与，久而相信，卒而相亲，后世以为法程。"以上典籍中的"程"都具有作为仿效标准之意。

因此，将西方法典中的"articles of association"翻译为"章程"是具有深厚中华文化底蕴之作，也切合了英文原意。如《史记·太史公自序》中说："汉兴，萧何次律令，韩信申军法，张苍为章程。"这里的章程一般被看成拟定各种度量衡和标准。能与律令、军法并列，可见其具有类似功用，重要性不低。因此，即使不考虑"章"作为法度代称，"章程"本身就有作为标准、规范衡量、约束人的行为之意。只从制定程序出发看成参与制定者之间的契约文件，明显不符合中英文"章程"的原意。

从我国法治实践来看，章程不再是公司的专属物，2020年通过的《民法典》中提及章程30次，涉及18个法条，调整范围从法人设立到解散，章程已经成为法人规范化发展的重要制度基础。因此，进一步明晰章程的含义具有重要的现实意义。

二、公司章程的定义与特征

公司章程在我国立法上并没有下定义，只规定了公司章程的内容与效力范围以及制定、修改主体和程序。

《公司法》第25条规定了有限责任公司章程、第81条规定了股份有限公司章程应当载明事项，其内容基本可以分为2个部分：公司登记事项以及公司经营管理的标准和规则。公司名称和住所、经营范围、注册资本、法定代表人等均属于公司营业执照必须记载事项，而股东的姓名或者名称、出资方式、出资额和公司机构设置、产生办法、职权、议事规则以及利润分配、解散清算办法等均属于公司经营管理的标准及规则，虽然也应记载于章程，放置公司登记机关备查，但是，相比而言，第1部分具有较强公开性和较为明显的公共属性，在法律没有明文规定又需要裁判场合，从价值权衡规则上看秩序、公平、效率等具有优先性。第2部分主要属于公司经营管理范畴，虽也跟随章程登记而备查，但其公示意义和价值显然不如第1部分，从内容上看主要与公司、股东、管理者、公司债权人等利益相关，在法律没有明文规定又需要裁判场合，从价值权衡规则上看自由、平等、利益等应更具有优先性。所以，整体来看，公司章程是一部法定的公司必备的规定公司设立和经营管理的标准和规则的文件，内容上既具有公共性又具有自治性。

公司章程和法律、行政法规一起成为公司事务管理的规则渊源，从效力级次上看，仅仅排在法律、行政法规之后，因此，有人比喻其是公司的宪法性文件。《公司法》第20条规定："公司股东应当遵守法律、行政法规和公司章程，依法行使股东权利……"根据《公司法》第11条的规定，公司章程的效力范围覆盖了公司、股东、董事、监事、高级管理人员。可以看出，公司章程在公司中不仅仅是自治法规，而且在公司中具有宪法性地位，是其他公司自治规定制定的标准和原则。

公司章程由股东共同制定、修改，但并非必须一致同意。在公司章程的制定上，公司法没有明确规定有限责任公司章程通过的表决规则，但在《公司法》第90条规定募集设立公司的章程必须经出席创立大会的认股人所持表决权过半数通过。对于章程修改的表决规则，在第43条规定有限责任公司股东会会议做出修改公司章程的决议，必须经代表2/3以上表决权的股东通过，第103条规定股份有限责任公司股东大会做出以上决议必须经出席会议的股东所持表决权的2/3以上通过。由此可见，章程的制定和修改遵循的皆是社会行为规范或标准的通过程序而非标准的、一般的合同订立、修改的程序，所以，把章程看成涉他利益的合同，认为其效力范围波及董事、监事是突破了合同相对性的特殊情形的看法，模糊了标准或规范与合同的界限，与立法精神相悖。

综上所述，根据文义中的章程和我国公司立法，公司章程应当为公司投资人制定并确认的公司内部管理和对外意思表示的一般标准与规范，具有公示性、法定性、规范性三个特征。

三、公司章程的效力

公司章程的生效时间因法律并没有明确规定而存在争议，有股东签字盖章、公司成立之日等观点。公司章程经股东签字盖章已经履行了制定程序，在公司登记成立之前，公司章程规定的部分内容可能已经在实施或使用，例如出资、对外以公司名义作出意思表示等行为需要符合公司章程的规定，但是，如果以股东签字盖章为公司章程生效时间则意味着在公司成立之前对公司章程内容的变动都属于修改公司章程的行为，如前所述，制定公司章程和修改公司章程的程序并不完全相同，而未经登记的公司章程又不适合按照公司法规定的修改章程程序进行。同时，确认公司章程在公司成立之后生效并不会造成公司成立过程中纠纷的解决依据欠缺。如果公司成立，章程生效，则公司成立前的纠纷自然可以适用章程解决，就如同法规对其生效前的纠纷具有参照适用的效力；如果公司不成立，章程不生效，按照合伙关系处理公司设立过程中的纠纷是当前司法实务中的通行做法。因此，章程在公司成立之时生效更符合公司立法精神和司法习俗。

公司法中没有明确规定公司章程无效的情形，实践中不少人主张按照合同无效来处理，但是，如前所述，作为投资人共同制定的经营共同事业的标准和规范，公司章程的无效的情形应不完全同于合同。基于公司在市场中的特殊地位，章程应当比一般合同下的自治性弱；基于公司章程作为标准或规范的地位，在公司、股东、董事、监事内部利益关系的处理中的地位应当高于其他类契约规范。因此，在涉及公司、股东、董事、监事之间内部利益关系处理的章程条款适用中，除非章程制定过程中股东被蒙蔽或欺诈，意思自治原则应在公平、效率等原则之上，更能鼓励制度创新。如果司法在此问题上充当"育婴者"，仅以维护股东权益、公平价值为由随意否定公司章程效力，不仅会增加商业成本，还会损害公司章程的公信力。

第二节　理解与应用

本节将在案件事实介绍的基础上，对如何开展教学活动提供指引，并在对一审判决和二审判决的法律适用逻辑进行分析的基础上训练学生的法律思维和专业技能。

一、案件事实与判决

A 有限公司（以下简称 A 公司）股东为电力公司、勘察设计公司、国电公司。公司章程第 29 条规定："公司董事会实行集体决策，表决实行一人一票和多数通过的原则。董事会决议须经全体董事通过，并形成会议记录，出席会议的董事应当在会议记录上签名。"

2016 年 9 月 9 日，A 公司通知全体现任董事：李某（董事长）、李某鹏（副董事长）、胡某（兼总经理）、刘某辉（兼副总经理）、刘某于 9 月 23 日召开董事会，审议《关于任命 A 公司财务负责人的议案》等两个议案。9 月 23 日董事会对议案进行了表决，三名董事赞成，电力公司、勘察设计公司指派的两名董事表示反对，但董事会仍以多数通过形成了"聘任张某担任财务负责人，公司副总经理刘某晖应于董事会作出决议之日起 7 日内将负责保管的相关财务印鉴及支付工具移交给新任财务负责人张某"的决议。之后 A 公司向刘某晖下发通知，请其自通知之日起 7 日内，将负责保管的相关财务印鉴及支付工具移交给新任财务负责人张某。

电力公司、勘察设计公司 11 月 16 日提起诉讼，认为 9 月 23 日作出的董事会决议未达到公司章程规定的通过比例，请求法院确认决议不成立。A 公司答辩称公司章程第 29 条规定的"全体董事通过"实际是笔误，本意是董事会决议应通知全体董事参加；所以决议符合章程规定，即使不认可笔误的说法，按法律规定，该条内容属于约定不明。①

一审法院认为本案系公司决议效力确认纠纷。公司章程第 29 条规定前后不一致，既规定董事会决议实行多数通过的原则，又规定董事会决议须经全体董事通过。后者虽符合公平原则，但与商事活动重视效率不符。该决议事项为公司管理的一般事务，如果满足全体董事同意这一条件，则必然影响商事活动效率。同时，《公司法》第 111 条规定，董事会作出决议，经全体董事的过半数通过即可。据此，判决驳回了电力公司、勘察设计公司的诉讼请求。

二、本案争议焦点

本案中，双方对事实基本不存在争议，对董事会召开程序的合法性也不存在异议，关键是董事会决议是否符合公司章程规定的议事规则，因此，争议焦点有两个：一是对公司章程第 29 条的规定如何理解，是否有效；二是 9 月 23 日作出的董事会决议程序与公司章程规定是否一致，是否属于《最高人民法院关于适用＜中华人民共和国公司法＞若干问题的规定（四）》（以下简称《司法解释四》）第 5 条规定的董事会决议不能成立的情形。

三、本案重点、难点

1. "董事会决议须经全体董事通过"是否合法有效？

如前所述，公司机构设置、产生办法、职权、议事规则除效力性强制性法律规定外，均可以在章程中自行规定，所以董事会议事方式和表决程序也不例外。公司法中对董事会议事方式和表决程序的规定根据公司类型不同有所区别。第 48 条规定，有限责任公司董事会的议事方式和表决程序，除《公司法》有规定的外，由公司章程规定。但仅规定董事会决议的表决，实行一人一票，而未对通过决议的票数进行规定。第 111 条规定，股份有限责任公司董事会会议除董事一

---

① 福建省永泰县人民法院（2016）闽 0125 民初 1979 号；福建省福州市中级人民法院（2018）闽 01 民终 1320 号。有删改。

人一票外，应有过半数的董事出席，且决议必须经全体董事的过半数通过。

忽视本案中公司类型，对于"董事会决议须经全体董事通过"是否有效，关键是审查"决议必须经全体董事的过半数通过"这一规定是否属于效力性强制性规定，章程的规定又是否违反这一规定。从第 111 条用词和内容分析来看，其效力性强制性特征十分明显，在立法上具有保护弱势股东权益、维护公司整体利益的意义和价值，也可以说体现维护公司内部利益平衡、促进公司稳定发展的公平价值需要。但是，"董事会决议须经全体董事通过"并未违反"决议必须经全体董事的过半数通过"这一效力性强制性法律规定。因为"董事会决议须经全体董事通过"不但没有影响上述立法目的实现，相反加强了上述功能。

当然与此同时，管理成本上升，效率价值受到影响，这与公司本质相悖。可是，在公司管理中本身到处充满着各类价值冲突与权衡，除涉及公共利益以外，公司股东理应享有最大决定权。因此，在股东拥有足够合理理由的情况下，在章程中规定超过法律规定的条件和程序，愿意付出更多成本和效率为代价实现公司内部权益均衡既符合意思自治原则，也符合商事活动中的公序良俗。

因此，公司章程中规定"董事会决议须经全体董事通过"并不违反现行《公司法》的规定和立法精神。

2. 公司章程第 29 条规定："公司董事会实行集体决策，表决实行一人一票和多数通过的原则。"又规定："董事会决议须经全体董事通过。"两者是否导致该条无效？

首先，公司章程第 29 条规定中唯有"董事会决议须经全体董事通过"是章程制定者的意志体现，其余规定明显套用了《公司法》的规定，符合实践中一般公司制定章程的习俗，即在章程中复述法律规定。

其次，章程非法律，不能要求其制定者具有如法律制定者一般的专业素养和水平，所以对章程文字表达严谨性、内部逻辑严密性的要求同样应符合一般商用文件标准。因此，对"多数通过"与"全体董事通过"在逻辑上的些许冲突不应苛责。

最后，从公司章程第 29 条规定的表述来看，明显分为原则和具体规则两部分。"公司董事会实行集体决策，表决实行一人一票和多数通过的原则。"为原则；"董事会决议须经全体董事通过，并形成会议记录，出席会议的董事应当在会议记录上签名。"为具体规则。显然在以"多数通过"的法律规则为原则的基础上，该公司选择了"全体董事通过"的高于法律规则的规范，这种选择如前所述，"董事会决议须经全体董事通过"并不违反公司法的立法精神。

3. 法院能否根据公平与效率原则调整公司章程内容？

学理上，对民事权利的限制只能基于下列事由：（1）权利人滥用权利，损害国家、社会公共或他人合法权益；（2）权利人滥用权利严重损害自身利益；（3）基于公共利益合理限制权利人的权利。无论基于哪一个事由对民事权利进行限制，都必须有充分而合理的理由。公平和秩序原则正是经常作为国家干预权利或自由的理由。

公司章程是公司运营的宪法性标准和规范，集中体现了公司所有者即股东对共同事业的谋划与发展目标，是股东自由处分财产的意志在商业领域的体现，对其自由意志的维护既与民事领域相同又存在着不同。公平与效率显然在商事领域具有更大意义和价值，但是，同样存在着限度，否则不仅严重打击商事主体的积极性，而且形成对商事领域制度创新的严重束缚。因此，法院在行使审判权过程中有权根据公平与效率原则调整公司章程内容，但必须在合理范围之内。

从公司章程第 29 条规定来看，其并不属于国家需要干预自由的三种情形之一，相反，权利人对自己权益施加了高于法律建议的防护，且未危及国家、社会公共或他人合法权益，在该决议事项不属于涉及公共利益的情况下，法院不应依效率原则排斥公司章程的适用。

四、一审判决法律适用逻辑分析

1. 一审判决驳回电力公司、勘察设计公司的诉讼请求的审判逻辑是什么？

从一审判决的说理可以发现其认为董事会决议有效的审判逻辑如下：一是认为公司章程第 29 条规定前后不一致，只能取其一；二是认为"董事会决议须经全体董事通过"违背商事效率原则；三是根据《公司法》第 111 条的规定董事会经全体董事的过半数通过即可做出决议。

2. 以上逻辑有无问题，存在哪些问题？

（1）对任何一份书面文件的分析都不应仅从其文义展开。公司章程作为民规，内容表达的准确性和逻辑严密性都会有所不足，应在考虑当事人自身法律素质、商业习俗的基础上，对章程的内容进行文义分析。在遇到如公司章程第 29 条这样内容存在出入的情况时，更应结合商业习俗探求当事人的本意，而非直接擅断取其一。

（2）效率原则是商业活动的重要原则，但是其既不是唯一原则也不是首要原则。市场经济下最重要的原则仍然是意志自由原则，效率和公平原则一样都是在出现意志自由原则被滥用，国家、社会公共或他人合法权益受损害的情形下方可以适用。仅因"董事会决议须经全体董事通过"违背商事效率原则就否认其有效性没有能脱离计划经济下的家长式作风，是肆意侵害商事主体自由意志的一种体现。从《公司法》历次修改的内容来看，给予商事主体更多自治权是其发展的主旋律。所以，以"董事会决议须经全体董事通过"违背商事效率原则否认其有效性，有滥用运用公权干预私权行使之嫌。

（3）涉案 A 公司属于有限责任公司，但是《公司法》没有直接规定有限责任公司董事会表决程序，而是指出"除本法有规定的外，由公司章程规定"。似乎只要《公司法》中有相关规定的都能适用。但是，有限责任公司与股份公司的规定并不是都能互相借用。例如股份公司中规定董事对董事会的决议责任的第112 条通常也可以用来追究有限责任公司董事责任。但是，基于股份公司的公众性，法律对其监管较严，特别注重中小股东权益保护，为其设置强制性规定较多，这一立法目的不适于有限责任公司。因此，《公司法》第 111 条的规定并不当然适用于判断有限责任公司董事会决议的效力，更何况"必须经全体董事的过半数通过"，并不能意味着禁止约定"全体通过"，将法律规定理解为最低标准或要求更符合其立法精神。

五、二审判决及法律适用逻辑分析

（一）二审判决内容

二审法院认为 A 公司系有限责任公司，一审法院适用《公司法》第 111 条的规定存在错误，本案应按 A 公司章程的规定判断决议成立与否。公司章程第29 条的前句系约定董事会采用集体决策原则及一人一票的表决方式，后句则为具体的决议表决通过比例规定，即前者为原则性规定，后则为表决具体化，不违反法律规定且相较多数通过只是在具体通过比例上要求更加严苛。公司章程的此种规定为 A 公司各方股东的自愿约定，基于尊重公司内部治理意思自治原则，法院无权干预。一审法院以商事活动注重效率为由否定该章程规定，于法无据，应予纠正。综上所述，应予支持上诉人主张案涉董事会决议不能成立的诉讼请求。

（二）二审判决法律适用逻辑分析

1. 二审判决支持上诉人诉讼请求的审判逻辑是什么？

从二审判决的说理可以发现其审判逻辑如下：一是认为 A 公司系有限责任公司，《公司法》第 111 条的规定不能适用，在法律没有规定的情况下，只能适用

A 公司的章程；二是认为公司章程第 29 条的前句为原则性规定，后句为表决程序具体化，不违反法律规定且相较多数通过只是在具体通过比例上要求更加严苛；三是认为公司章程的此种规定为 A 公司各方股东的自愿约定，虽可能造成经营僵局，但应尊重公司内部治理意思自治原则，以商事活动注重效率为由否定章程规定，于法无据。

2. 二审判决逻辑是否存在问题？存在哪些问题？

首先，二审法院认为 A 公司系有限责任公司，《公司法》第 111 条的规定不能适用的结论下得过于简单，如前所述，实践中两类公司相互借鉴参考法律规定的情况并不少见，因此，理应对不能适用第 111 条规定进行进一步说理。其次，认为一审法院以商事活动注重效率为由否定章程规定属于于法无据，在逻辑上没有问题，但如果能进一步阐释国家干预自由的原则，效果将更佳。

第三节　知识拓展与伦理分析

本节通过阐释案件司法处理所涉及的法理和法律规定，深入分析法律价值和法律方法在其中的作用和功能，进一步引导学生深入思考公司章程的性质与功能，从而形成有效的法律思维模式，提高法律专业技能。

一、公司法在法律部门中的地位

经过多次修改，我国公司法的民商法特性日趋明显，正确适用公司法，必须树立民商法的思维路线，摒弃经济法、行政法的惯性思维。公司法具有民商合一的特点，适用复杂。近期颁布的《民法典》宣告了我国属于民商合一的国家，而民事规则与商事规则在许多发达国家泾渭分明。从立法理念上看，民法强调意思自治，商法更强调效率；民法看重社会的伦理，商法更看重利益。因此，以法国、德国、日本为首的许多国家历史上都采取了民商分立的立法体制。来自百度百科的数据显示，迄今为止，有40多个国家制定了独立于民法典之外的商法典。而公司法在西方法治传统上属于典型的商法。

我国现行《公司法》起始于 1993 年，受到计划经济体制较大影响，2005年、2013 年两次大的修正使其成为适应市场经济发展的一部法，但司法实践中不少人的思维未能跟上公司法的转变，仍自觉不自觉地套用经济法、行政法的思维模式适用公司法，形成公权力过分干预私权行使的不良后果。同时，我国民商合一的立法体制也决定了我国《公司法》的规则具有民商合一的特性，加大了其规则适用的复杂程度。因此，在秩序、自由、公平、效率等价值理念的衡量中必须充分考虑《公司法》在部门法体系中的地位。

二、公司章程效力认定

这种公司法部门属性的复杂性在法律适用中集中体现在公司章程效力认定的问题上。公司章程集中体现股东的意志自由和公司自治，对其自治范围大小的限定直接体现公司法的部门属性。自2005年公司法修正以来，立法给予公司自治权越来越大，近年来在优化营商环境的政策指引下，公司在市场中的自由度越来越高。《民法典》除规定法人依法独立享有民事权利和承担民事义务外，还明确赋予营利法人对其不动产和动产依照法律、行政法规以及章程享有占有、使用、收益和处分的权利（第269条）。公司作为市场主体的独立地位已经得到法律全面承认和保护。

依据法理，法律保障市场中每个主体的自由，除非这种自由与公序良俗相悖或非法损害国家、社会公共、他人的合法权益。对公司章程的效力认定更应遵循上述原则。公司是市场的主要商事主体，是投资者参与商业活动的主要途径，意志自由是其参与积极性的重要动力。公司章程是投资者的社团意志，是投资者个人自由意志汇成公司意志的重要形式。对公司章程效力的认定过程就是对投资者自由和权利范围的界定过程，因此，必须严守公序良俗或损害国家、社会公共、他人的合法权益原则，不能擅断章程效力，否则不仅影响公司经营的稳定性、持续性，也会对投资积极性形成打压。

三、公司种类不同对法律适用的影响

为使语言尽量简洁，避免法律表达的重复、拖沓，对可以借鉴和参考其他规定的部分往往不再进行规定。《公司法》也不例外，有限责任公司与股份有限公司相互借鉴和参考法律规定处理案件是常态，但并不意味着，有限责任公司与股份有限公司的规定就可以通用。

有限责任公司与股份有限公司的信用基础不同，造就二者监管重点不一致。有限责任公司规模小、人合性强，立法中更强调发挥其自治性，故法律未予规定，由章程约束是常态；股份有限公司规模大，具有明显的资合性，自治性过程中容易发生中小股东利益受损，进而危及公司稳定和持续性，当公司规模达到一定程度时还会危及市场正常秩序及其他利益相关主体权益，因此，立法中对股份有限公司监管较严，体现在法律规定更加具体、细致，效力性强制性规定较多。

对于有限责任公司，股份有限公司部分的规定，只能在章程没有规定时作为指导性规范来适用，不应直接适用，否则就与立法精神相悖；从另一角度来说，如果股份有限公司部分的规定应当在有限责任公司中直接适用，从立法技术来看理应规定在有限责任公司部分而不是在股份有限公司中加以规定。所以在没有法律规定的情况下，有限责任公司首先适用公司章程，其次参照股份有限公司部分的规定更符合立法原意。当然，反过来也一样，遇到股份有限公司部分没有进行法律规定的情形，首先也应适用章程，其次参照有限责任公司部分的规定。

四、法律解释方法在法律适用中的作用

（一）法律概念的分析方法

在学理上法律概念可以分为描述性概念、评价性概念、论断式概念，本章实例涉及的有限责任公司、章程都应属于描述性概念，公序良俗、效率、公平等概念具有评价性概念的特点。对于描述性概念有真伪之分，因此，股份有限公司的规定参照适用于有限责任公司必须谨慎，更应充分说明理由。对于评价性概念，根据普珀所说"在运用一个评价性概念到某个事实上时，关键即在于穷尽这个事实，并且去斟酌所有支持或反对这个评价的事实""越是彻底考虑那些反对自己结论的观点，所作的评价才越能使人信服"①，而本章实例的审判法院在斟酌支持或反对的事实与观点时不同程度存在欠缺。

（二）法律解释方法的运用

法律解释是法律适用中不可回避的方法，对于法律解释方法有无顺位的问题仍存在争议，不少学者认为目的解释处于首位，但也有学者支持文义解释的优先地位，无论怎样争论，司法实践中会出现法律解释方法冲突是客观存在的事实。本章的实例中，一审法院对第48条规定中"法律"作了文义解释，扩充其范围，导致第111条的适用，如前所述，这种解释忽视该法条背后的立法目的，导致适用错误。当然，目的解释主观性强，容易导致擅断，所以要求适用时必须充分解释和说明。另外，一审法院错误适用第111条还存在对体系解释不重视的问题，第48条与第111条出现在不同章节，对其关系的理解必须建立在对整个法律文件内在逻辑的分析基础上，而不能直接"拿来"。

---

① 英格博格·普珀. 法学思维小学堂：法律人的6堂思维训练课［M］. 蔡圣伟，译. 北京：北京大学出版社，2011.

（三）法律论证方法的运用

在裁判的形成过程中法律论证至关重要，即为判决提供充足理由的法律思维活动或过程。本章实例法律论证的关键是外部证成即内部证成的前提的真实性问题。从结果倒推，本章实例的论证可以分为三个层次。

第一层次，董事会决议有效性取决于章程的有效性。如果章程有效，则董事会决议违反章程规定的表决规则所以不成立（根据《司法解释四》第五条）；如果章程无效，则董事会决议合法有效（根据《公司法》第48条、第111条）。外部证成即需要论证章程的有效性。

第二层次，章程效力取决于"董事会决议须经全体董事通过"的合法性。"董事会决议须经全体董事通过"合法，则章程规定有效，否则，章程无效。

第三层次，"董事会决议须经全体董事通过"是否属于公司股东自治范围是其合法性的关键。根据《公司法》第48条的规定，在法律没有规定表决通过比例的情况下，公司章程有权自行规定，即使适用《公司法》第111条的规定，从立法表述来看，整条强调的都是提高表决结果的代表性、覆盖面而非相反，因此，法律规定的2/3以上并非最高要求，而是基本要求，允许公司规定更高的表决规则。《公司法》第48条、第111条只在给予公司自治权的幅度上不同，皆不禁止"董事会决议须经全体董事通过"，所以"董事会决议须经全体董事通过"属于公司自治范围，具有合法性。实践中采用这一模式维护全体股东权益的公司也不在少数。

综上所述，结合社会实践和商业习俗，在正确认识《公司法》在法律体系中的地位、明确有限责任公司与股份有限公司的区别、合理运用法律解释方法的基础上，通过逻辑分明的法律论证过程，才能达到理想的法律适用结果，实现司法公正、公平目标。

第四章　公司信用基础的资本制度

本章阐释作为公司信用基础的资本制度基础知识，以案例分析加深理解，提高应用能力，使学生明了资本制度对公司、股东、公司债权人的意义和价值，清楚资本与资产的区别，理解法律限制出资形式、规定增减资本程序等的必要性，既能学会用资本制度原理维护公司、股东权益，又能运用资本制度原理维护债权人在内的社会公共利益。

第一节　基础知识

本节从资本的文义含义入手，对资本三原则进行分析，在对出资、增减资本制度进行阐释的基础上，重点分析了法定资本制的特征及我国资本制度的变迁。力图帮助学生在涵养中国传统文化、培养家国情怀的基础上，初步掌握作为公司制度两大重要内容之一的资本制度的功能及其局限性。

一、资本的文义含义

"资"为形声字，从贝，次声。贝壳为古时货币，故其与货币、财产有关。《说文解字》中说："资，货也。"《战国策·燕策》中说："既至秦，持千金之资币物，厚遗秦王宠臣中庶子蒙嘉。"此处"资""币"同提，显然"资"就是贵重财物之意。中国最早的一部国别体史书《国语·越语上》中说："贾人夏则资皮，冬则资絺；旱则资舟，水则资车，以待乏也。"此处"资"有了动词意味，但仍脱不开财产之意。"本"在《说文解字》中表述为："本，木下曰本。从木，一在其下。"所以"本"原意是树之根，后引申为事物的源头和基础。《论语·学而》中说："君子务本，本立而道生。""资本"合在一起就有了以资产、货币为基础或本源的含义。通常资本被定义为公司设立时经全体股东共同投资或认购而形成的股本总额。这个定义仅仅阐释了资本是由投资者共同出资形成的特征，而忽视了资本还是公司经营管理活动的根本、对外信用的基础。根据我国现有规定，公司资本以登记为准，必须办理登记手续，所以又称为注册资本。

实践中，经常会把"资本"与"资产"两个概念混淆。"产"在《说文解字》中表述为："生也。从生，彦省声。""生"在甲骨文中为草发芽形状，所以"产"被指为草木生长，后引申为人或动物生子、生育，其后延展到精神财富的创造。所以"资产"有创造财富之意，而无以财富为基础或本源之意。

综上所述，"资本"与"资产"在本意上存在差异。在法律中，"资本"登记在案，不得随意变更，具有稳定性，符合其作为经营"基础"、信用"本源"的特性，但因此不能精确反映公司经营损益，在对公司实际财富反映上具有滞后性；"资产"不需要向主管部门登记，体现在财务账簿中，随经营活动不断变化，具有流变性，能即时、精确反映公司经营损益，因而在公司实际财富反映上具有真实性。因此，近年来，许多人呼吁以资产信用替代资本信用，在法律上就表现为对资本的管控日益放松。我国《公司法》2005 年的修订、2013 年的修正就充分体现了这一变化。

二、资本原则

基于对资本是公司经营管理活动的根本、对外信用的基础的认识，大陆法系国家形成对资本形成、维持和变化进行规制的三原则，这三个原则后来部分被英美法系国家所吸收，成为具有世界影响的资本原则。但是，如前所述，随着社会发展，资产信用替代资本信用的呼声日益高涨，三原则对各国法律的影响力也在削弱。

第一，资本确定原则。这是资本形成阶段的基本原则，是指记载于公司章程的资本必须在设立时由股东全部认足，从而确保公司资本的真实性、充足性。大陆法系与英美法系国家对资本确定程度的要求不同，从而形成法定资本制、授权资本制两个分支。法定资本制根据对资本实缴的要求不同又形成实缴资本制与认缴资本制两个分支。实缴资本制下要求公司设立时章程所载资本必须全部认缴且实际缴付到公司，否则公司不能成立，所以属于更彻底贯彻资本确定原则的制度。对公司资本的真实性、充足性保障全面，但因过于严苛，容易导致公司设立困难，一般只有特殊行业才适用，比如我国金融领域①。分期缴纳资本改善了其弊病，一般会规定必须在公司设立时缴付一定比例，其余可以分期缴纳。由此形

---

① 《商业银行法》第 13 条规定："设立全国性商业银行的注册资本最低限额为十亿元人民币。设立城市商业银行的注册资本最低限额为一亿元人民币，设立农村商业银行的注册资本最低限额为五千万元人民币。注册资本应当是实缴资本。"

成认缴资本（也称发行资本）与实缴资本两个概念。认缴资本制则仅要求设立时资本由股东全部认足，对何时缴付不作强制规定，由股东、公司自治，反映了资本确定原则的要求。我国 2013 年《公司法》修正前实施的就是实缴资本制，之后不再要求公司设立时实缴资本，但仍要求全部认缴，所以我国现行资本制度属于法定资本制下的认缴资本制。授权资本制是指公司设立时章程所载资本可以认缴部分，其余授权董事会待公司营运需要时再募集。因此，形成授权资本与认缴资本之分。因为授权资本制下资本的真实性、充分性不足，而法定资本制下公司设立成本较高，为既减少交易风险又降低设立成本，出现了折中资本制，主要特点是放宽了法律对增资程序的限制。

第二，资本维持原则。这是适用于公司运营过程的资本原则，是指公司运营中应当维持与公司资本相当的财产，也称作资本充实原则。为使资本能够更好地充当公司信用基础，对公司运营中的资产非生产性减少进行限制的原则。例如，禁止股东抽回出资，对公司转投资进行限制，不得低于面额发行股票，公司不得随意回购本公司的股票、不得接受本公司股票设定的质押[1]，无利润不分配等规定，都是资本维持原则在法律中的体现。这一原则对公司自治的干预较多，所以不能随意扩张，应当在保障公司自治和维护交易安全之间寻求平衡。我国《公司法》原本要求过严，现有逐步放松的趋势。

第三，资本不变原则。这同样是适用于公司运营过程的资本原则，是指公司

---

[1]　《公司法》第 142 条规定："公司不得收购本公司股份。但是，有下列情形之一的除外：

（一）减少公司注册资本；

（二）与持有本公司股份的其他公司合并；

（三）将股份用于员工持股计划或者股权激励；

（四）股东因对股东大会作出的公司合并、分立决议持异议，要求公司收购其股份；

（五）将股份用于转换上市公司发行的可转换为股票的公司债券；

（六）上市公司为维护公司价值及股东权益所必需。

公司因前款第（一）项、第（二）项规定的情形收购本公司股份的，应当经股东大会决议；公司因前款第（三）项、第（五）项、第（六）项规定的情形收购本公司股份的，可以依照公司章程的规定或者股东大会的授权，经三分之二以上董事出席的董事会会议决议。

公司依照本条第一款规定收购本公司股份后，属于第（一）项情形的，应当自收购之日起十日内注销；属于第（二）项、第（四）项情形的，应当在六个月内转让或者注销；属于第（三）项、第（五）项、第（六）项情形的，公司合计持有的本公司股份数不得超过本公司已发行股份总额的百分之十，并应当在三年内转让或者注销。

上市公司收购本公司股份的，应当依照《中华人民共和国证券法》的规定履行信息披露义务。上市公司因本条第一款第（三）项、第（五）项、第（六）项规定的情形收购本公司股份的，应当通过公开的集中交易方式进行。

公司不得接受本公司的股票作为质押权的标的。"

营运过程中资本不得随意变更，即公司资本增加或减少都需要通过法定程序。商业活动具有持续性，资本作为公司的信用基础随意变化会给交易带来不稳定性。同时，公司资本的增减有时还会伴随公司控制权的更迭，更会增加交易风险。因此，对资本变更进行规制是降低交易风险、保护弱势股东的要求。但是，限制公司资本变更权利同样是对公司自治权的干预，所以同样应当在保障公司自治和维护交易安全之间寻求平衡，既不能任由公司随意变更资本，也不应过多进行限制。我国《公司法》目前对公司减资规制较严格，对增资相对宽松。

三、我国出资制度

我国公司出资制度主要规定在《公司法》《司法解释三》《市场主体登记管理条例》《公司注册资本登记管理规定》四部规范性法律文件中。

（一）一般出资形式与要求

投资者可以用货币估价并可以依法转让的财产作价出资，但是，法律、行政法规规定不得作为出资的财产除外。对作为出资的非货币财产应当评估作价，核实财产，不得高估或者低估作价。法律、行政法规对评估作价有规定的，从其规定。总结下来，即用作出资的财产应具有合法性、价值性、可转让性。可转让与可流通不同，有些财产限制流通，但在满足法定条件时可以转让。

出资形式主要包括货币、实物、知识产权、土地使用权，另外不得以劳务、信用、自然人姓名、商誉、特许经营权或者设定担保的财产等作价出资。[①]

（二）非典型出资形式与要求

股权与债权是两种非典型出资形式，起初是国家为帮助国有企业脱困而创设的出资形式，后应用范围逐渐扩大，但因其估值风险超过一般财产，对其规制较为严格。

1. 股权出资。投资人必须以其持有的在中国境内设立的公司股权出资，且该股权应当权属清楚、权能完整、依法可以转让。

根据《公司注册资本登记管理规定》，具有下列情形的股权不得用作出资：

[①] 《中华人民共和国市场主体登记管理条例》（2021年4月14日通过，2022年3月1日起实施）第13条规定："除法律、行政法规或者国务院决定另有规定外，市场主体的注册资本或者出资额实行认缴登记制，以人民币表示。出资方式应当符合法律、行政法规的规定。公司股东、非公司企业法人出资人、农民专业合作社（联合社）成员不得以劳务、信用、自然人姓名、商誉、特许经营权或者设定担保的财产等作价出资。"

（1）已被设立质权；

（2）股权所在公司章程约定不得转让；

（3）法律、行政法规或者国务院决定规定，股权所在公司股东转让股权应当报经批准而未经批准；

（4）法律、行政法规或者国务院决定规定不得转让的其他情形。

2. 债权出资。对在中国境内设立的公司的债权可以转为公司股权，包括将对公司的债权转变为出资、对第三人的债权转变为出资两种形式。因为以债权出资意味着将债务不能清偿的风险转移给公司，所以债权价值会有贬值处理。

根据《公司注册资本登记管理规定》，转为公司股权的债权应当符合下列情形之一：

（1）债权人已经履行债权所对应的合同义务，且不违反法律、行政法规、国务院决定或者公司章程的禁止性规定；

（2）经人民法院生效裁判或者仲裁机构裁决确认；

（3）公司破产重整或者和解期间，列入经人民法院批准的重整计划或者裁定认可的和解协议。

用以转为公司股权的债权有两个以上债权人的，债权人对债权应当已经作出分割。

（三）出资期限

在注册资本认缴制下，股东有按照章程规定的出资时限履行出资的义务，但同时股东依法享有期限利益，即股东有权在章程规定的期限前拒绝履行出资义务。只有具备下列情形之一、未届出资期限的股东才在未出资范围内对公司不能清偿的债务承担补充赔偿责任：

（1）公司作为被执行人的案件，人民法院穷尽执行措施无财产可供执行，已具备破产原因，但不申请破产的；

（2）在公司债务产生后，公司股东（大）会决议或以其他方式延长股东出资期限的。

对未届履行期限而未缴纳部分的出资的表决权可以通过公司章程或股东（大）会特别决议方式进行限制，否则应当按照认缴出资的比例确定。

（四）违反出资义务的表现

1. 未按期出资。投资人应向公司按照章程规定的期限履行出资义务。

2. 用非自有合法的财产出资。出资人以不享有处分权的财产出资，参照

《民法典》第 311 条善意取得的规定予以认定①。以贪污、受贿、侵占、挪用等违法犯罪所得的货币出资后取得股权的，对违法犯罪行为予以追究、处罚时，应当采取拍卖或者变卖的方式处置其股权。

3. 出资的非货币财产存在权利瑕疵。出资人以划拨土地使用权出资，或者以设定权利负担的土地使用权出资，当事人应当在指定的合理期间内办理土地变更手续或者解除权利负担，逾期未办理或者未解除的，应当认定出资人未依法全面履行出资义务。

4. 出资的非货币财产未办理财产权转移手续。出资人以房屋、土地使用权或者需要办理权属登记的知识产权等财产出资，已经交付公司使用但未办理权属变更手续，应当在指定的合理期间内办理权属变更手续；在前述期间内办理了权属变更手续的，应当认定其已经履行了出资义务，否则，应当认定出资人未依法全面履行出资义务。

5. 出资的非货币财产已办理财产权转移手续但未交付使用。公司或者其他股东有权主张其向公司交付。未及时交付非货币财产的，应当认定出资人未依法全面履行出资义务。

6. 出资的非货币财产估价偏高。出资人以非货币财产出资，未依法评估作价，应当委托具有合法资格的评估机构对该财产评估作价。评估确定的价额显著低于公司章程所定价额的，应当认定出资人未依法全面履行出资义务。出资人以符合法定条件的非货币财产出资后，因市场变化或者其他客观因素导致出资财产贬值，公司、其他股东或者公司债权人不得请求该出资人承担补足出资责任。但是，当事人另有约定的除外。

7. 股权出资存在瑕疵。

符合下列条件的，应当认定出资人已履行出资义务：

（1）出资的股权由出资人合法持有并依法可以转让；

（2）出资的股权无权利瑕疵或者权利负担；

（3）出资人已履行关于股权转让的法定手续；

---

① 《民法典》第 311 条规定："无处分权人将不动产或者动产转让给受让人的，所有权人有权追回；除法律另有规定外，符合下列情形的，受让人取得该不动产或者动产的所有权：

（一）受让人受让该不动产或者动产时是善意的；

（二）以合理的价格转让；

（三）转让的不动产或者动产依照法律规定应当登记的已经登记，不需要登记的已经交付给受让人。受让人依照前款规定取得不动产或者动产的所有权的，原所有权人有权向无处分权人请求损害赔偿。当事人善意取得其他物权的，参照前两款规定。"

（4）出资的股权已依法进行了价值评估。

不符合前三项规定的，出资人应在指定的合理期间内采取补正措施，逾期未补正的，应当认定其未依法全面履行出资义务。

8. 抽逃出资。公司成立后，股东的行为符合下列情形之一且损害公司权益，应当认定该股东抽逃出资：

（1）制作虚假财务会计报表虚增利润进行分配；

（2）通过虚构债权债务关系将其出资转出；

（3）利用关联交易将出资转出；

（4）其他未经法定程序将出资抽回的行为。

对赌协议的出现，引发了对抽逃出资认定的新争议。实践中俗称的"对赌协议"，又称估值调整协议，是指投资方与融资方在达成股权性融资协议时，为解决交易双方对目标公司未来发展的不确定性、信息不对称以及代理成本而设计的包含了股权回购、金钱补偿等对未来目标公司的估值进行调整的协议。股权回购、金钱补偿与现有法律规定存在冲突，在许多案件中被认为构成抽逃出资。《九民纪要》认为："人民法院应当依据《公司法》第35条关于'股东不得抽逃出资'和第166条关于'利润分配的强制性规定'进行审查，判决是否支持其诉讼请求。"并且"如无其他无效事由，认定有效并支持实际履行"。

（五）违反出资义务的民事责任

1. 一般民事责任。

首先，未履行或者未全面履行出资义务的股东在未出资本息范围内对公司债务不能清偿的部分承担补充赔偿责任；股东已经承担上述责任，其他债权人提出相同请求的，人民法院不予支持。

其次，股东未履行或者未全面履行出资义务或者抽逃出资，公司根据公司章程或者股东（大）会决议对其利润分配请求权、新股优先认购权、剩余财产分配请求权等股东权利作出相应的合理限制。

再次，有限责任公司的股东未履行或者未全面履行出资义务即转让股权，公司仍可请求该股东履行出资义务，受让人对此知道或者应当知道的，应对此承担连带责任；公司债权人向该股东提起诉讼，可以同时请求前述受让人对此承担连带责任。受让人根据前款规定承担责任后，可以向该股东追偿。但是，当事人另有约定的除外。

最后，股东在公司设立时未履行或者未全面履行出资义务，公司的发起人承担连带责任；公司的发起人承担责任后，可以向其追偿。未尽《公司法》第147条第1款规定的义务而使出资未缴足的董事、高级管理人员应承担相应责任；承担责任后，可以向未履行或者未全面履行出资义务的股东追偿。

2. 延期出资的民事责任。投资人延期缴纳股款给公司造成损失，应承担赔偿责任，其他履行了出资义务的股东有权要求其承担违约责任。

股份有限公司的认股人催缴后的合理期间仍未缴纳，发起人可以对该股份另行募集；有限责任公司的股东催缴后的合理期间仍未缴纳，公司可以股东（大）会决议解除其股东资格。

3. 出资的非货币财产未办理财产权转移手续的民事责任。出资人虽实际交付财产给公司使用，但未办理权属变更手续的，不享有相应股东权利，在其办理权属变更手续后，出资人自其实际交付财产给公司使用时享有相应股东权利；出资人办理权属变更手续但未交付给公司使用，公司或者其他股东有权主张其向公司交付，并在实际交付之前不享有相应股东权利。

4. 抽逃出资的民事责任。抽逃出资的股东需向公司承担返还出资本息法律责任；在抽逃出资本息范围内对公司债务不能清偿的部分承担补充赔偿责任；抽逃全部出资，经公司催告在合理期间内仍未返还，公司可以股东（大）会决议解除股东资格。另外，在办理法定减资程序或者其他股东或者第三人缴纳相应的出资之前，公司债权人仍可以请求相关当事人承担出资责任。

为进一步保护公司、股东和公司债权人利益，更严厉打击抽逃出资行为，《司法解释三》扩充了抽逃出资责任主体。规定公司或者其他股东请求抽逃出资的股东向公司返还出资本息的，协助抽逃出资的其他股东、董事、高级管理人员或者实际控制人对此应承担连带责任。公司债权人请求抽逃出资的股东在抽逃出资本息范围内对公司债务不能清偿的部分承担补充赔偿责任，协助抽逃出资的其他股东、董事、高级管理人员或者实际控制人应对此承担连带责任。原来还规定了垫资人的责任，2014 年删除。

（六）诉讼时效

1. 公司股东未履行或者未全面履行出资义务或者抽逃出资，公司或者其他股东请求其向公司全面履行出资义务或者返还出资，股东不得以诉讼时效为由进行抗辩。

2. 公司债权人的债权未过诉讼时效期间，其依照规定请求未履行或者未全面履行出资义务或者抽逃出资的股东承担赔偿责任，股东不得以出资义务或者返还出资义务超过诉讼时效期间为由进行抗辩。

四、我国增资与减资程序

根据对交易安全的影响力不同，我国《公司法》对增减注册资本规定的程序不同。

（一）减资程序

因为股东以其出资额为限承担有限责任，减资意味着减轻股东责任，债权人风险相应加大，所以法律对减资程序规定较为具体而复杂。

第一，拟减资的公司应编制资产负债表和财产清单。

第二，召开股东（大）会作出减资决议。依法减资需要通过特别决议作出。

第三，通知和公告债权人。公司应当自作出减资决议之日起 10 日内通知债权人，并于 30 日内在报纸上公告。债权人自接到通知之日起 30 日内，未接到通知书的自公告之日起 45 日内，有权要求公司清偿债务或者提供相应的担保。

第四，在核减资本程序完成后进行公司减少资本的变更登记。

需要注意的是，公司未能依债权人请求清偿债务或者提供相应的担保，也不影响公司减资，所以债权人应在公司未清偿债务或者提供相应担保的情况下，及时采取其他债权保护措施，比如提起诉讼，以防受到更大损失。

（二）增资程序

一般来说，增资会加大公司对外信用基础，因此，法律对增资程序不做过多要求。首先，召开股东（大）会作出增资决议。依法增资同样需要通过特别决议做出。其次，在完成增资发行和认缴手续后进行公司增资的变更登记。

第二节　理解与应用

本节将通过三个真实案例，对公司资本制度所涉及的法律知识和理论进行实战演练，通过学生自主总结案件焦点、解决重点和疑难问题的活动，实现加深对专业知识的理解和应用、训练学生法律思维和专业技能的目标。并在真实案例的分析中，融入社会伦理和个人品格分析和教育，实现价值塑造的教育目标。

案例一

一、案件事实与判决

W 有限公司于 2012 年成立，法定代表人为项某，注册资本 500 万元。2013

年，王某与项某签订《合伙协议》，约定：合伙企业名称为 W 公司，合伙期限为 5 年，期满时，如需继续合作，经双方协商一致再重新签订新的合约。合伙人为项某、王某，项某以货币出资 20 万元，以现有的客户资源、建立的公司规模作价出资 10 万元，总认缴出资 30 万元，占注册资本的 75%（已出资）；王某以货币出资 10 万元，总认缴出资 10 万元，占注册资本的 25%，首期在合伙协议生效日起实缴出资 5 万元，其余出资在 3 月 1 日缴足（到期未缴纳，协议将失去法律效力或者自动终止，合同一切内容失去法律效力）。

合伙人对执行合伙事务享有同等的权利，项某和王某共同执行合伙事务，对外代表企业。项某负责财务结算，客户开发和沟通，全体日常事务安排，技术支持。王某负责客户开发和沟通，全体日常事务安排，技术支持。合伙企业的利润分配、亏损分担，按注册资本比例分配。协议 2013 年 2 月 1 日生效。当日，王某通过银行转账的方式向项某个人账户汇入 5 万元；2 月 28 日，再次汇入 47 730 元，余下 2 270 元是否缴付存在争议，王某称是现金支付，但无证据支持。

2013 年 8 月 29 日，W 公司制订新章程：公司的营业期限为 10 年，股东为项某、张某，注册资本 500 万元，项某出资 400 万元，张某出资 100 万元。

从 2013 年 1 月 25 日起至 2015 年，王某担任 W 公司检验部经理，负责审核检验报告，W 公司通过王某的个人账户向全国各地的兼职检验员发放检验费用。2015 年 2 月 17 日，项某向王某汇入 2 万元，文字摘要内容为"分红"；2015 年 3 月 3 日、2016 年 2 月 4 日，项某分别以"2014 年分红""2015 年分红"名义向王某各汇入 3 万元。其间，王某请求 W 公司登记其为股东，被拒，2018 年王某与项某就分红问题产生争议，遂提起诉讼。

王某认为其与 W 公司法定代表人项某签订了《合伙协议》，缴付了入伙资金，还收到股东分红。请求对方办理工商变更登记手续，但是对方拒绝。原本想着只要合作结束了，对方也按照协议给予分红，就结束协议。但是 2018 年对方承诺的分红直到诉前都没有支付。

项某认为签订《合伙协议》的本意是为合作开发客户，从未有让王某入股公司的合意，且王某应在 2013 年 3 月 1 日前缴足 10 万元，但在约定的日期前并未缴足。成为有限责任公司股东，须同时具备法定形式要件和实质要件。王某并未签署公司章程，未被载入公司股东名册，未取得公司的出资证明，未在工商行政机关登记为股东，从未参加股东会。因其是公司老员工，2017 年左右公司将其升为"检验部副经理"。因此，王某不具有股东的身份，无权要求分配公司盈余。

法院判决：一审法院认为王某是公司股东，但是未提供股东会分配红利的决议，也不能证明违反法律规定滥用股东权利导致公司不分配利润，给其他股东造成损失，依法驳回王某请求分配红利的诉讼请求。二审法院认为一审判决适用法律不当应予纠正，撤销一审判决，驳回王某的全部诉讼请求。①

二、本案争议焦点

本案的争议焦点有两个：一是王某是否为 W 公司股东；二是王某是否有权请求 W 公司分配股息红利。

三、本案重点、难点

1.《合伙协议》是否为王某入股 W 公司的入股协议？

虽然《合伙协议》对王某、项某的出资比例和义务、权利义务分配进行了规定，但只是明确二人的合伙关系，并没有明确规定王某入股 W 公司。W 公司成立在前，《合伙协议》签订在后，自 2013 年协议签订后至诉前，王某始终没有作为股东记载于 W 公司章程，更没有获得 W 公司的出资证明书，也没有参加过股东会。《合伙协议》作为非法定的记载股东身份的文件，没有明确规定王某入股 W 公司的内容，在没有其他证据的情况下，不能成为证明王某入股 W 公司的入股协议。

2. 王某是否已向 W 公司出资？

王某虽有缴付出资的行为，但收款方是法定代表人项某，其获得的分红也由项某汇出。法人与担任法定代表人的自然人人格并不完全一致，只有存在合理理由的情况下法定代表人的意思表示才代表法人。因此，在没有证据证明的情况下，法定代表人项某接收王某的汇款和向王某分红的行为不能认为是代表了 W 公司的意思表示，王某也无证据证明其委托项某向 W 公司缴付出资，因此，王某缴付出资的行为不具有向 W 公司出资的法律效果，反而符合与项某合伙的特征。

3. 王某担任 W 公司检验部经理能否认为是作为股东参与了公司经营？

这里必须把经营和管理进行区分。《公司法》第 4 条规定："公司股东依法

---

① 广东省深圳市罗湖区人民法院（2019）粤 0303 民初 33200 号民事判决。深圳市拓威技术服务有限公司、王永胜股东资格确认纠纷、公司盈余分配纠纷二审民事判决书，广东省深圳市中级人民法院（2020）粤 03 民终 11260 号。有删改。

享有资产收益、参与重大决策和选择管理者等权利。"但是，在实行现代管理制度的公司里，股东上述权利的行使均需通过股东会。因此，股东参与经营是指股东能够通过股东会参与重大决策，而不是担任管理者。在王某担任 W 公司检验部经理期间，W 公司制订新章程、变更股东及出资比例，王某没有证据证明其参加股东会并对上述事项进行表决，说明其没有参与 W 公司经营。只是担任管理者不足以证明其股东身份。相反，不担任管理者，但是参与公司重大事项表决，却可以成为股东身份的证明。

■ 案例二

一、案件事实与判决

2002 年，由 B 公司、殷某、张某共同出资创建 A 公司。2009 年 11 月，受 B 公司委托，C 评估公司对 B 公司拥有的 J 发明专利及相关全套工业生产技术、H 注册商标、W 注册商标三项无形资产做出 168 号评估报告。至评估基准日 2009 年 9 月 30 日，上述三项无形资产的评估结果为人民币 1 300 万元，评估结论使用有效期自评估基准日起一年。2010 年 4 月 9 日，A 公司做出股东会决议，同意 B 公司以上述三项无形资产向 A 公司增资，并以评估结果 1 300 万元认定增资数额依法变更工商登记。2014 年 12 月 30 日，H 商标被国家工商行政管理总局商标评审委员会宣告无效；2016 年 2 月 25 日，J 发明专利权被国家知识产权局专利复审委员会宣告无效。A 公司因此要求 B 公司补足出资并赔偿经营利益损失，未果后提起诉讼，但是 A 公司未提交证据证明 B 公司在上述无形资产出资时存在主观恶意。B 公司辩称已经全面履行出资义务，A 公司起诉无事实依据。

法院判决驳回 A 公司的诉讼请求。①

二、本案争议焦点

本案的争议焦点是以知识产权出资后，知识产权被裁定无效是否需要补足出资。

---

① 一审：青海省高级人民法院（2018）青民初 123 号（2019 年 3 月 22 日）。二审：中华人民共和国最高人民法院（2019）最高法民终 959 号（2019 年 9 月 9 日）。再审：中华人民共和国最高人民法院（2020）最高法民申 4578 号（2020 年 11 月 4 日）。有删改。

三、本案重点、难点

1. B 公司是否全面履行了以知识产权出资的程序？

B 公司委托 C 评估公司对其所有的知识产权价值进行了评估，A 公司股东会决议同意 B 公司以评估作价金额入股，说明这个知识产权作价得到了 A 公司股东会的认可，其后 B 公司履行了权属变更登记手续，说明知识产权的权属登记已经完成。因此，B 公司已经全面履行了知识产权出资的程序。

2. 以知识产权出资后，知识产权无效是否需要补足出资？

专利和注册商标被宣告无效存在多种可能，因此，《司法解释三》第 15 条规定，出资人以符合法定条件的非货币财产出资后，因市场变化或者其他客观因素导致出资财产贬值，公司、其他股东或者公司债权人不得请求该出资人承担补足出资责任。但是，当事人另有约定的除外。

2014 年 H 商标、2016 年 J 发明专利权被宣告无效即使是因市场变化或者其他客观因素导致出资财产贬值，如果当事人有约定则 B 公司也需要补足出资。另外，根据专利法和商标法，专利或者注册商标被宣告无效，对宣告无效前已经履行的专利或者商标转让不具有追溯力，除非证明权利人存在主观恶意。本案中，只有 B 公司对专利或者注册商标被宣告无效存在主观恶意，或者 A 公司股东在其出资时有相关约定，B 公司才需要补足出资。在法院审理过程中，A 公司未能提交证据证明 B 公司存在主观恶意行为，也未能证明股东会对专利和注册商标出资估值问题另有约定，因此，对 2014 年 H 商标、2016 年 J 发明专利权被宣告无效的情况，B 公司无须再向 A 公司补足出资。

案例三

一、案件事实与判决

Y 公司成立时注册资本 2 000 万元，共七名股东，阮某认缴出资 458.8 万元，出资比例为 22.94%，担任董事长、经理，并为 Y 公司法定代表人，2011 年 6 月 8 日阮某在中国银行开立账户，9 日阮某将该账户内的包括 T 公司转入的 458.8 万元共计 2 000 万元投资款转入 Y 公司名下临时账户验资。2011 年 6 月 13 日，该 2 000 万元本金及产生的利息共计 20 001 111.11 元转入 Y 公司名下基本账户，当天该账户先后转出 480 元和 8 元后，又以预付楼款的名义分三笔转出 700 万元、700 万元、600 万元至三名无业务关系的自然人名下，共计 2 000 万元。而 Y

公司与收取款项的人员间未发现存在真实的买卖楼房的债权债务关系。6月14日该账户转出600元后账户余额为23.11元。

2015年7月，阮某离职，Y公司法定代表人变更为谢某。阮某与Y公司就Y公司债权、资产等交接事宜签订了协议书，协议书第一条明确约定："双方在2015年9月30日签订关于Y公司债权、资产等交接协议之后，除已书面约定双方责任之外，双方自本协议签订之日起，甲乙双方不得以任何理由向对方主张任何权利。"其后，Y公司认为阮某在公司任职期间有抽逃出资行为，请求法院判令其承担补足出资的义务。阮某认为先前双方已就债权债务处理达成一致，拒绝承担补足出资义务。

法院判决：支持Y公司的诉讼请求。①

二、本案争议焦点

本案的争议焦点有两个：一是阮某是否构成抽逃出资；二是阮某与Y公司就Y公司债权、资产等交接事宜签订的协议书能否免除阮某抽逃出资的法律责任。

三、本案重点、难点

1. Y公司请求阮某承担抽逃出资的法律责任是否超过了诉讼时效？

《司法解释三》第19条规定："公司股东未履行或者未全面履行出资义务或者抽逃出资，公司或者其他股东请求其向公司全面履行出资义务或者返还出资，被告股东以诉讼时效为由进行抗辩的，人民法院不予支持。"因此，虽然阮某抽逃出资行为发生在2011年，但是Y公司2015年仍可以要求其承担法律责任。

2. 阮某与Y公司就Y公司债权、资产等交接事宜签订的协议书能否免除阮某抽逃出资的法律责任？

判断阮某与Y公司就Y公司债权、资产等交接事宜签订的协议书能否免除阮某抽逃出资的法律责任，关键是股东出资义务的性质是法定义务还是约定义务。公司资本由股东出资构成，是公司对外信用的基础。《公司法》第3条第2款规定，股东以其认缴的出资额或认购的股份为限对公司承担责任。股东出资是其对公司的债务承担责任的边界。因此，股东出资不仅是设立公司的需要，也是维护交易安全的保障，所以股东出资义务是约定义务亦是法定义务。《公司法》

---

① 一审：山东省威海经济技术开发区人民法院（2020）鲁1092民初1656号。二审：山东省威海市中级人民法院（2021）鲁10民终961号（2021年5月7日）。有删改。

第 28 条规定，股东应当按期足额缴纳公司章程中规定的各自所认缴的出资额。这一规定也体现出股东出资义务的法定性。不仅股东不得自行放弃，而且接受履行的公司也不得任意变更履行或免除履行义务。因此，Y 公司与阮某的协议即使包含了对出资义务的免除约定，也因违反法律效力性强制性规定，可能危及交易秩序和安全而无效。

第三节 知识拓展与伦理分析

本节通过阐释资本制度所涉及的法理和法律规定，深入分析社会主义核心价值观和法律方法在其中的作用与功能，进一步引导学生形成有效的法律思维模式，提高法律专业技能。

一、资本信用与资产信用之争

我国公司资本制度改革的基本思路与方向是从资本信用到资产信用的过程。2005 年之前，我国公司资本制度以资本信用为核心进行设计，因此，要求公司设立时认缴资本必须达到最低限额且全部缴足，并从出资形式、无形资产占比等多方面进行资本真实性、充足性保障，明确禁止抽逃出资。2005 ~ 2013 年，我国放宽了对公司设立时的出资形式、缴付比例、缴付期限的限制，具体界定抽逃出资的情形。2013 年的修正将最低出资额和公司成立时实缴资本限额彻底取消，施行了彻底的认缴资本制，并进一步放宽对出资形式的限制。这种演化有力地保护了公司制度在我国的落地生根，防范和减少有限责任可能带来的巨大市场风险。

商法学者赵旭东是"资产信用说"有力的倡导者和集成者，多篇著述系统地阐释了"资产信用说"的理论根据、制度体现和应用价值。2013 年认缴资本制的确立被认为是我国进入资产信用阶段的标志，即公司信用基础不再是登记在册的注册资本，而是公司实际拥有的资产。这种变化一方面反映了世界公司法的发展趋势，另一方面是时代发展所需。资本信用本身具有极强的时效性，离公司资本登记的时间越远，其对公司偿债能力的反映越弱，但是，在公司其他营运信息难以获得的情况下，多少能供交易相对人参考评估资信风险。随着社会征信体系的完善，企业登记信息已经完全公开，并获取便利。网络时代信息技术发达，商业主体资信信息的获取渠道也早就超越了登记。包括资产评估机构、会计师事务所、律师事务所等在内的发达的社会专业服务网络也使得企业经营信息难以遁形。在以上背景下，实践中资产信用逐渐替代资本信用成为商业交易资信评估的重要参考。公司法如不取消最低注册资本及实缴限制，则不但起不到信用判断的参考作用，反而不合理加大设立成本和费用，不符合经济活动的效益原则。

当然，就如我国仍实施认缴资本制而非授权资本制来说，现在完全用资产信用取代资本信用的条件还不完备，其中最重要的原因就是我国商业习惯和传统中对资信调查的重视程度还不够，因此，需要为商事主体由资本信用向资产信用的思维转化留有足够的空间和时间。

二、法律真实与客观真实的关系

法律真实与客观真实是一对矛盾统一体。法律真实是指通过经质证的证据证明的事实，客观真实顾名思义就是事实真相。事实真相是司法证明活动所应追求的终极目标，但是，由于时空的不可逆转性，往事难以追溯，即使完全客观的亲历者也难以完全阐释真相。黑泽明导演的影片《罗生门》就充分展示了这一客观现象。因此，司法中如何最大限度使认定的法律事实接近客观真实是判决公正的最大前提，但是，为节约诉讼成本，司法活动还必须遵循效率原则，不可能无期限地探求客观真实。

本章中的三个实例不同程度地都存在对客观真实的认定困难，尤其是第一个。一审法院从《合伙协议》和王某提供的缴付出资的银行流水，以及王某从2013～2018年在W公司中负责部分业务并收到分红、W公司从未对王某的出资情况提出过异议等法律事实推导出王某为公司股东的结论；二审法院从《合伙协议》非向W公司投资的协议、W公司未将王某作为股东登记也未向其签发出资证明书及在公司章程中明确股东身份，王某未参加过股东会等法律事实推导出王某非股东的结论。王某与项某对《合伙协议》的真实意图表达不一致，由于事过境迁真相难以查明，法院只能根据能用证据证明的事实推导"真相"，这个"真相"就是法律事实。科学地运用法律逻辑能够最大限度地实现法律事实与客观真实的一致，排除经验和主观臆断，也能最大限度兼顾司法公正和司法效益。

三、社会主义核心价值观在资本制度中的体现

社会主义核心价值观中的自由、诚信、敬业、和谐、友善、法治等在资本制度中充分体现了重要性。

在资本制度形成中，出资形式、实缴比例、缴付期限等方面《公司法》都赋予了投资者远远超过以往的充分的自由，从而全面降低"创业"门槛，鼓励

投资积极性，改善营商环境。

在出资义务履行中，明确股东违反出资义务的情形及其法律责任，充分体现对法治、诚信品格的重视。2020年7月21日，习近平总书记在企业家座谈会上的讲话强调必须弘扬企业家精神："希望大家诚信守法。'诚者，天之道也；思诚者，人之道也。'人无信不立，企业和企业家更是如此。社会主义市场经济是信用经济、法治经济。企业家要同方方面面打交道，调动人、财、物等各种资源，没有诚信寸步难行。"并指出："法治意识、契约精神、守约观念是现代经济活动的重要意识规范，也是信用经济、法治经济的重要要求。企业家要做诚信守法的表率，带动全社会道德素质和文明程度提升。"虽然我国公司信用基础正经历由资本信用向资产信用的过渡，但是，按照公司章程约定履行出资义务仍是投资人法治意识、诚信品格的重要体现。

明确股东未履行或未全面履行出资义务或抽逃出资情形下，其他股东及协助抽逃出资的董事、高级管理人员或者实际控制人承担连带责任。这一规定体现了敬业、和谐、友善的价值理念。公司是社团组织，明确股东未履行或未全面履行出资义务或抽逃出资情形下，其他股东承担连带责任，使所有股东损益连在一起，更有助于投资者之间团结友善、互帮互助，营造和谐气氛，公司经营才能稳定，发展才有持续性。董事、高级管理人员或者实际控制人作为公司"掌权者"，不仅影响投资效益，也对公司员工、社会公共利益、市场交易秩序负有责任，因此爱岗敬业品格是股东和社会对其的共同期盼，连带责任的规定正是这一期盼在法律中的体现。

第五章 "格式化"的公司治理

本章阐释公司治理的基础知识，以案例分析加深理解，提高应用能力，使学生明了公司组织机构之间权力配置与均衡对公司、股东、管理层及其他利益相关人的意义和价值，清楚股东会与董事会各自权限与关系，明确所有权与经营权分离的作用与不足，既能学会用组织机构权力制约与均衡理论推进公司科学管理，又能预防组织机构权力失衡导致的公司僵局与"擅专""夺权"。

第一节 基础知识

本节从治理的文义含义入手，对公司治理理论进行阐释，然后分析《公司法》对公司组织结构的"格式化"规范，重点分析公司组织机构权力配置与均衡关系，力图帮助学生在涵养中国传统文化、培养家国情怀的基础上，初步掌握作为现代企业典范的公司在管理制度上的科学性及其局限性。

一、公司治理概述

（一）治理的文义含义

《说文解字》中说："治，水。出东莱曲城阳丘山，南入海。从水，台声。""治"后引申为顺着事物的自然属性或规律办事。例如《庄子·马蹄》中说道："伯乐善治马。""治"被用于社会治理中则有了管理和经营之意。如著名的《孟子·滕文公上》中说："或劳心，或劳力。劳心者治人，劳力者治于人。治于人者食人，治人者食于人。"《吕氏春秋·察今》中说"治国无法则乱。"还有《周易·系辞下传》中的"君子安而不忘危，存而不忘亡，治而不忘乱，是以身安而国家可保也"。这里的"治"，因古时有水则有农业发达，所以又有人们平安喜乐，不愁吃穿之意。《说文解字》中的"理"表述为："治玉也。从玉，里声"，这里指工匠从玉石中剖出玉的行为。《战国策》中说："郑人谓玉之未理者为璞。"《韩非子·和氏》中说："王乃使玉人理其璞而得宝焉，遂命曰'和氏之璧'。""理"后被引申为从内部剖析处理并得到美好结果的行为。如《荀子·君道》中说:"明分职,序事业,材技官能,莫不治理,则公道达而私门塞矣,公义明而私事息矣。"在中国传统文化中,治理就有划分权能、排列事务、量才为用等很好地由里及表顺着事物自身规律进行管理之意。

在国际上,1995年全球治理委员会对治理做出如下界定:治理是或公或私的个人和机构经营管理相同事务的诸多方式的总和。它是使相互冲突或不同的利益得以调和并且采取联合行动的持续的过程。它包括有权迫使人们服从的正式机构和规章制度,以及种种非正式安排。而凡此种种均由人民和机构或者同意或者认为符合他们的利益而授予其权力。可见,中文译文与西语本意重合度较高。联合国开发计划署认为治理的基本要素是:参与和透明;平等和诚信;法治和负责任;战略远见和成效;共识;效率。

在国家层面上,党的十八届三中全会提出:"全面深化改革的总目标是完善和发展中国特色社会主义制度,推进国家治理体系和治理能力现代化。"将推进国家治理体系和治理能力现代化作为全面深化改革的总目标,对于中国的政治发展,乃至整个中国的社会主义现代化事业来说,具有重大而深远的理论意义和现实意义。党的十九届五中全会通过的《中共中央关于制定国民经济和社会发展第十四个五年规划和二〇三五年远景目标的建议》将"国家治理效能得到新提升"作为今后五年我国经济社会发展的主要目标之一,并对"十四五"时期推进国家治理体系和治理能力现代化作出重要部署。

(二)公司治理的基本理论

基于公司内部经营权和所有权的分离,如何处理好两者的分权与制衡即公司组织机构的架构就成为公司管理的核心问题,1932年美国学者贝利和米恩斯为此提出了公司治理的概念。众多学者从不同角度对公司治理问题进行了研究,其中极具代表性的是超产权理论、两权分离理论、委托代理理论和利益相关者理论,它们构成了公司治理结构的主要理论基础。

二、格式化的公司组织机构

我国《公司法》规定公司应当设立股东会(股份有限公司称为股东大会)、董事会、监事会,只有股东人数较少、规模较小的有限责任公司可以不设董事会,只设1~2名执行董事,可以不设监事会,只设1~2名监事。对于各组织机构的职权、召集和表决程序《公司法》也均做了规定。

三、权力机构——股东（大）会

股东（大）会是公司最高权力机构，是股东行使选举管理者、参与重大决策和享受资产收益等所有者权利的机构和场所。

（一）股东（大）会的职权

根据《公司法》第37条、第99条的规定，股东（大）会有以下职权：

（1）决定公司的经营方针和投资计划；

（2）审议批准公司的年度财务预、决算方案；

（3）审议批准公司的利润分配和弥补亏损方案；

（4）对发行公司债券作出决议；

（5）选举和更换非由职工代表担任的董事、监事，决定有关董事、监事的报酬事项；

（6）审议批准董事会、监事会或者监事的报告；

（7）对修改公司章程、增减资、合并、分立、解散、清算或者变更公司形式作出决议；

（8）其他。

股东会会议时间分为定期会议和临时会议。定期会议依照公司章程的规定召开；临时会议则在单独或合计1/10以上表决权的股东、1/3以上的董事、监事会提议时组织召开。股东以书面形式一致表示同意的，可以不召开股东会会议，直接作出决定，并由全体股东在决定文件上签名、盖章。

股东大会应当每年召开一次年会。有下列情形之一的，应当在2个月内召开临时股东大会：

（1）董事人数不足规定人数或者公司章程所定人数的2/3时；

（2）公司未弥补的亏损达实收股本总额1/3时；

（3）单独或者合计持有公司10%以上股份的股东请求时；

（4）董事会认为必要时；

（5）监事会提议召开时；

（6）公司章程规定的其他情形。

（二）股东（大）会的召集和主持

首次会议由出资最多的股东召集和主持；其他由董事会召集，董事长主持；董事长不能履行职务或者不履行职务的，由副董事长主持；副董事长不能履行职务或者不履行职务的，由半数以上董事共同推举一名董事主持。不设董事会的，股东会会议由执行董事召集和主持。董事会或者执行董事不能履行或者不履行召集股东会会议职责的，由监事会或者不设监事会的公司的监事召集和主持；监事会或者监事不召集和主持的，代表 1/10 以上表决权的股东（股份有限公司还要求连续持股 90 日以上）可以自行召集和主持。

召开股东会会议，应当于会议召开 15 日前通知全体股东；但是，公司章程另有规定或者全体股东另有约定的除外。股份有限公司召开股东会会议，应当将会议召开的时间、地点和审议的事项于会议召开 20 日前通知各股东；临时股东大会应当于会议召开 15 日前通知各股东；发行无记名股票的，应当于会议召开 30 日前公告会议召开的时间、地点和审议事项。另外，还规定单独或者合计持有公司 3% 以上股份的股东，可以在股东大会召开 10 日前提出临时提案并书面提交董事会。

（三）股东（大）会的表决规则

股东（大）会会议由股东按照出资比例行使表决权，但是，公司章程另有规定的除外。与有限责任公司不同，股份有限公司规定股东出席股东（大）会会议，所持每一股份有一表决权，且股东大会作出决议，必须经出席会议的股东所持表决权过半数通过。股份有限公司还规定股东大会选举董事、监事，可以依照公司章程的规定或者股东大会的决议，实行累积投票制。即股东大会选举董事或者监事时，每一股份拥有与应选董事或者监事人数相同的表决权，股东拥有的表决权可以集中使用。从而使股东有机会将所有的选票集中在少数几个候选人身上，集中优势兵力重点突破，丢卒保车，至少可以确保有一个候选人当选。累积投票制矫正了资本民主带来的弊端，是介于资本民主与股东民主之间的中间路线。

股东（大）会会议作出修改公司章程、增加或者减少注册资本的决议，以及公司合并、分立、解散或者变更公司形式的决议，必须经代表 2/3 以上表决权的股东通过（股东大会对前述决议须经出席会议股东所持表决权的 2/3 以上通过）。股东（大）会应当对所议事项的决定作成会议记录，出席会议的股东应当在会议记录上签名。上市公司在 1 年内购买、出售重大资产或者担保金额超过公司资产总额 30% 的，应当由股东大会作出决议，并经出席会议的股东所持表决权的 2/3 以上通过。

股东（大）会应当对所议事项的决定作成会议记录，出席会议的股东应当在会议记录上签名。

四、经营决策机关——董事会

董事会是公司决策机构，对股东会负责，是职业经理人发挥专业技能、展现专业水平的机构和场所。

（一）董事会职权

根据《公司法》第46条、第108条的规定，董事会职权如下：

（1）召集股东（大）会会议，并向股东（大）会报告工作；

（2）执行股东（大）会的决议；

（3）决定公司的经营计划和投资方案；

（4）制订公司的年度财务预算方案、决算方案、利润分配方案和弥补亏损方案；

（5）制订公司增加或者减少注册资本、发行公司债券的方案、合并、分立、解散或者变更公司形式的方案；

（6）决定公司内部管理机构的设置；

（7）决定聘任或者解聘公司经理及其报酬事项，并根据经理的提名决定聘任或者解聘公司副经理、财务负责人及其报酬事项；

（8）制定公司的基本管理制度；

（9）其他。

（二）组成与任期

有限责任公司董事会成员为3～13人（股份有限公司为5～19人），国有独资有限责任公司，其董事会成员中应当有公司职工代表；其他有限责任公司董事会成员中可以有公司职工代表。董事会中的职工代表由公司职工通过职工代表大会、职工大会或者其他形式民主选举产生。董事会设董事长1人，可以设副董事长。董事长、副董事长的产生办法由公司章程规定（股份有限公司董事长和副董事长由董事会以全体董事的过半数选举产生）。

董事任期由公司章程规定，但每届任期不得超过3年。董事任期届满，连选可以连任。董事任期届满未及时改选，或者董事在任期内辞职导致董事会成员低于法定人数的，在改选出的董事就任前，原董事仍应当依照法律、行政法规和公司章程的规定，履行董事职务。

（三）召集和主持、议事规则

董事会会议由董事长召集和主持；董事长不能履行职务或者不履行职务的，由副董事长召集和主持；副董事长不能履行职务或者不履行职务的，由半数以上董事共同推举一名董事召集和主持。董事会决议的表决，实行一人一票，其他董事会的议事方式和表决程序，由公司章程规定。

股份有限责任公司的董事会每年度至少召开 2 次会议，每次会议应当于会议召开 10 日前通知全体董事和监事。代表 1/10 以上表决权的股东、1/3 以上董事或者监事会，可以提议召开董事会临时会议。董事长应当自接到提议后 10 日内，召集和主持董事会会议。可以另定召集董事会的通知方式和通知时限。董事会会议，应由董事本人出席；董事因故不能出席，可以书面委托其他董事代为出席，委托书中应载明授权范围。董事会会议应有过半数的董事出席方可举行。董事会作出决议，必须经全体董事的过半数通过。应当对所议事项的决定作成会议记录，出席会议的董事应当在会议记录上签名。

（四）董事的民事责任

董事会的决议违反法律、行政法规或者公司章程、股东（大）会决议，致使公司遭受严重损失的，参与决议的董事对公司负赔偿责任。但经证明在表决时曾表明异议并记载于会议记录的，该董事可以免除责任。

五、日常经营管理权——经理层

经理对董事会负责，行使下列职权：

（1）主持公司的生产经营管理工作，组织实施董事会决议；

（2）组织实施公司年度经营计划和投资方案；

（3）拟订公司内部管理机构设置方案；

（4）拟订公司的基本管理制度；

（5）制定公司的具体规章；

（6）提请聘任或者解聘公司副经理、财务负责人；

（7）决定聘任或者解聘除应由董事会决定聘任或者解聘以外的负责管理人员；

（8）其他。

公司董事会可以决定由董事会成员兼任经理。

六、监督机构——监事会

监事会是公司的内部监督机构，是股东在公司的常设监督机构。

（一）职权

监事会对股东（大）会负责，其职权如下：

（1）检查公司财务；

（2）对董事、高级管理人员执行公司职务的行为进行监督，对违反法律、行政法规、公司章程或者股东（大）会决议的董事、高级管理人员提出罢免的建议；

（3）当董事、高级管理人员的行为损害公司的利益时，要求董事、高级管理人员予以纠正；

（4）提议召开临时股东（大）会会议，在董事会不履行本法规定的召集和主持股东会会议职责时召集和主持股东会会议；

（5）向股东（大）会会议提出提案；

（6）对董事、高级管理人员提起诉讼；

（7）其他。

监事可以列席董事会会议，并对董事会决议事项提出质询或者建议。监事会、不设监事会的公司的监事发现公司经营情况异常，可以进行调查。监事会行使职权所必需的包括聘请会计师事务所等协助其工作费用，由公司承担。

（二）组成

监事会成员不得少于3人，董事、高级管理人员不得兼任监事。监事会应当包括股东代表和适当比例的公司职工代表，其中职工代表的比例不得低于1/3，具体比例由公司章程规定。监事会中的职工代表由公司职工通过职工代表大会、职工大会或者其他形式民主选举产生。监事会设主席1人，由全体监事过半数选举产生。股份有限公司监事会每6个月至少召开一次会议，监事可以提议召开临时监事会会议。

七、股东（大）会和董事会决议效力

《公司法》第22条规定了公司股东（大）会和董事会决议无效和可撤销的情形。首先，决议内容违反法律、行政法规的无效。其次，股东会或者股东大会、董事会的会议召集程序、表决方式违反法律、行政法规或者公司章程，或者决议内容违反公司章程的，股东可以自决议作出之日起60日内，请求人民法院撤销。但需要注意的是，会议召集程序或者表决方式仅有轻微瑕疵，且对决议未产生实质影响的，人民法院不予支持。而且上述决议被人民法院判决确认无效或者撤销的，公司依据该决议与善意相对人形成的民事法律关系不受影响。

《司法解释四》第五条规定，股东（大）会、董事会决议存在下列情形之一，决议不成立。

（1）公司未召开会议的，但依法或者公司章程规定可以不召开股东（大）会而直接作出决定，并由全体股东在决定文件上签名、盖章的除外；

（2）会议未对决议事项进行表决的；

（3）出席会议的人数或者股东所持表决权不符合公司法或者公司章程规定的；

（4）会议的表决结果未达到公司法或者公司章程规定的通过比例的；

（5）其他情形。

第二节 理解与应用

本节将通过两个真实案例，对公司治理的法律知识和理论进行实战演练，通过学生自主总结案件焦点、解决重点和疑难问题的活动，实现加深对专业知识的理解和应用、训练学生法律思维和专业技能的目标。

■ 案例一

一、案件事实与判决

李某系 A 有限责任公司（以下简称 A 公司）的股东，并担任总经理。A 公司股权结构为：葛某持股 40%，李某持股 46%，王某持股 14%。三位股东共同组成董事会，由葛某担任董事长，另两人为董事。公司章程规定：董事会行使包括聘任或者解聘公司经理等职权；董事会须由 2/3 以上的董事出席方才有效；董事会对所议事项作出的决定应由占全体股东 2/3 以上的董事表决通过方才有效。2009 年 7 月 18 日，A 公司董事长葛某召集并主持董事会，三位董事均出席，会议形成了"鉴于总经理李某不经董事会同意私自动用公司资金在二级市场炒股，造成巨大损失，现免去其总经理职务，即日生效"等内容的决议。该决议由葛某、王某及监事签名，李某未在该决议上签名。后李某以解聘总经理程序违法为由要求撤销董事会决议。

法院判决驳回李某请求撤销董事会决议的诉讼请求。①

二、本案争议焦点

本案争议焦点有两个：一是董事会议事规则和表决程序是否符合法律、行政法规和章程规定；二是董事会决议内容是否符合法律、行政法规和章程规定。

三、本案重点、难点

1. 董事会决议的程序和内容是否符合法律、行政法规和章程规定？

首先，A公司是有限责任公司，议事方式和表决程序除法律规定外，由公司章程规定。A公司在章程中对董事会参会董事人数和表决通过的限定都是在法律没有规定的情况下进行个性设计，并且不违反现行规定。

其次，根据《公司法》第22条第2款的规定，董事会决议可撤销的事由包括：（1）召集程序违反法律、行政法规或公司章程；（2）表决方式违反法律、行政法规或公司章程；（3）决议内容违反公司章程。从召集程序看，A公司于2009年7月18日召开的董事会由董事长葛某召集，三位董事均出席董事会，该次董事会的召集程序未违反法律、行政法规或公司章程的规定。从表决方式看，根据A公司章程规定，对所议事项作出的决定应由占全体股东2/3以上的董事表决通过方才有效，是股东2/3而非出资2/3，故上述董事会决议由三位股东（兼董事）中的两名同意即可通过，因此，在表决方式上未违反法律、行政法规或公司章程的规定。从决议内容看，A公司章程规定董事会有权解聘公司经理，同时这也是董事会的法定职权，董事会决议内容中"总经理李某不经董事会同意私自动用公司资金在二级市场炒股，造成巨大损失"的陈述，仅是董事会解聘李某总经理职务的原因，而解聘李某总经理职务的决议事项本身并不违反公司章程。

2. 解聘总经理职务是否必须有正当理由？

董事会决议解聘李某总经理职务的原因如果不存在，并不导致董事会决议撤销。首先，公司法尊重公司自治，公司内部法律关系原则上由公司自治机制调整，司法机关原则上不介入公司内部事务；其次，A公司的章程中未对董事会解聘公司经理的职权作出限制，并未规定董事会解聘公司经理必须有特定原因，该章程内容未违反公司法的强制性规定，应认定有效，因此，A公司董事会可以行

---

① 民事判决书（2009）黄民二（商）初字第4569号；民事判决书（2010）沪二中民四（商）终字第436号。有删改。

使公司章程赋予的权力作出解聘公司经理的决定。故法院应当尊重公司自治，而无须审查 A 公司董事会解聘公司经理的原因是否存在，即无须审查决议所依据的事实是否属实，理由是否成立。

案例二

一、案件事实与判决

2014 年 6 月，A 国际公司与 B 公司签订了《C 有限责任公司合资合同》（以下简称《合资合同》），并拟订 C 有限责任公司（以下简称 C 公司）《章程》。《合资合同》第 25 条规定，董事长应在董事会会议召开前 7 天发出召集会议的书面通知，写明会议内容、时间和地点。《章程》第 20 条规定，修订公司章程、公司合并、分立、解散、终止或组建合资公司、战略联盟或引进战略投资者等重大事宜须经全体董事同意方可批准；其他事宜由董事会 1/2 的董事同意后生效。《章程》第 22 条规定，董事会会议每年召开一次，经 1/3 董事提议可召开董事会临时会议。

2014 年 8 月，C 公司全体董事张某（董事长）、袁某、王某一起召开董事会，形成了第一届第一次董事会决议。决定聘任袁某为 C 公司的总经理，并一致同意通过了《核决权限》和《核决流程》的决议，提出凡对《核决权限》和《核决流程》中的相关条款增减或完善的部分，由公司相关部门提出报总经理，并在下次董事会上讨论、协商、决议。

2016 年 3 月，C 公司董事变更为浦某（董事长）、袁某、闵某。2016 年 9 月 2 日，浦某向袁某、闵某、詹某（监事）发出 C 公司 2016 年第二次临时董事会会议通知，其中会议议程：

（一）决议事项

（1）C 公司解散案；

（2）C 公司《核决权限》修正案；

（3）C 公司总经理薪酬调整案；

（4）对 A 国际公司尚有 60 万元资本金未到位的追讨方案讨论；

（5）对 D 公司的应收账款追讨方案。

（二）临时动议

2016 年 9 月 12 日，浦某向袁某、詹某、闵某发送临时董事会会议议程文件与附件，其中从四个方面具体说明了 C 公司总经理薪酬调整议案的内容：

（1）D 公司积欠本公司 854 万余元，并有高达人民币 820 余万元的逾期货款迟迟未能收回，总经理袁某作为 D 公司的实际控制人，一再借口拖延收款，怠忽职守；

（2）总经理袁某明知却纵容本公司业务主管赵某在 D 公司等其他企业担任职务，与公司利益具有冲突，且在公司招标、验收等工作中，严重失职，对本公司造成重大损害；

（3）总经理袁某明知却纵容本公司业务副经理徐某在 D 公司担任职务，对本公司发出采购订单，与本公司利益冲突，对本公司造成重大损害；

（4）拟请董事会讨论决议调整总经理薪酬，并追究总经理的责任。

2016 年 9 月 13 日，C 公司召开了董事会，出席董事为浦某、袁某、闵某、詹某。会议表决情况如下：

（1）C 公司解散案，浦某、闵某同意，袁某不同意，决议未通过；

（2）C 公司《核决权限》修正案，浦某、闵某同意，袁某不同意，议案通过；

（3）C 公司总经理薪酬调整案，浦某、闵某同意自 2016 年 9 月 13 日起解聘袁某总经理职务，袁某不同意，议案通过，当场经浦董事长对袁某进行通知并生效；

（4）A 国际公司尚有 60 万元资本未到的追讨方案之讨论，浦某、闵某同意，袁某不同意，议案通过；

（5）对 D 公司的应收账款追讨方案，浦某、闵某同意，袁某不同意，议案通过。

A 国际公司认为董事会的召集程序以及通过比例不符合 C 公司《章程》，于 2016 年 11 月向法院提起诉讼，要求撤销 C 公司 2016 年 9 月 13 日的董事会决议。C 公司认为本次董事会决议及临时动议决议程序和实体均符合《章程》的规定，决议已经有效成立。

一审法院驳回 A 国际公司要求撤销 C 公司 2016 年 9 月 13 日董事会决议的诉讼请求；二审维持原判决。①

---

① 福斯派国际股份有限公司与永丰福斯派包装（扬州）有限公司公司决议效力确认纠纷二审民事判决书（2018）苏民终 392 号。有删改。

二、本案争议焦点

本案的争议焦点有两个：一是董事会召集和表决程序是否违反法律、行政法规和公司章程；二是董事会决议内容是否违反公司章程。

三、本案重点、难点

1. 董事会召集和表决程序是否违反法律、行政法规和公司章程？

《公司法》中对有限责任公司董事会召集和表决程序只规定了董事长召集和主持及实行董事一人一票，其他董事会的议事方式和表决程序，由公司章程规定。C公司为有限责任公司，章程规定由1/3董事提议可召开董事会临时会议。浦某作为董事长和三名董事之一可以提议召开董事会临时会议；在法律、章程均未规定通知时限的情况下，9月2日通知开会时间、地点、议事日程等事项，9月13日开会，间隔时间也在合理范围内，三名董事、监事也均按时参加了会议。唯一的问题是第一次董事会决议，提出凡对《核决权限》和《核决流程》中的相关条款增减或完善的部分，需由公司相关部门提出报总经理，再在下次董事会上讨论、协商、决议。而第二次董事会对《核决权限》的决议没有经过该流程。

一审法院认为董事会召开前，董事长虽未先咨询总经理袁某意见，但是，董事长浦某在9月12日将董事会会议需讨论决议事项告知袁某，袁某在董事会上对所有讨论议案均发表意见并投反对票，且董事会决议已经1/2以上的董事同意，符合章程关于决议生效的规定，因此，董事会在会议召集程序或者表决方式虽有轻微瑕疵，但对决议未产生实质影响。

应当说一审法院说理比较充分，这里补充一点。第一次董事会决议将对《核决权限》和《核决流程》中的相关条款增减或完善的内容先上报总经理，并不意味着须经总经理同意才能上董事会，更非必须总经理同意该议案，所以，在袁某也参会的情况下，在董事会上直接讨论并通过该决议，虽与公司制度有出入，但实质效果相同。

2. 董事会决议内容是否违反法律、行政法规和公司章程？

对公司解散做出表决属于股东会的职权范围，C公司董事会决议第一项公司解散议案的确超越法律规定的董事会职权范围，但不应影响其他董事会决议的效力，更何况该决议未获通过。另外，根据《中外合资经营企业法》（已废止）合资企业可以不设股东会，由董事会行使股东会的职权，所以本案才出现董事会对公司解散进行决议的情形。但是，《外商投资法》（2020年1月1日起施行）规定外商投资企业采用公司形式的，其组织机构及活动准则都将适用《公司法》①，2020 年 1 月 1 日前已经成立的，则在《外商投资法》施行后 5 年内可以继续保留原企业组织机构。需要注意的是，股东会能否将其职权授权给董事会行使呢？从我国目前《公司法》的规定来看，并不支持将股东会的法定职权授权董事会行使，否则极易加剧代理风险，为"夺权""专权"创造更多机会。

第三节　知识拓展与伦理分析

本节通过阐释公司治理所涉及的法理和法律规定，深入分析权力分配与制衡在公司治理中的作用和意义，进一步提高学生在公司治理领域的应用能力、激发创造性思维。

一、公司治理理论

随着公司行为对世界经济的影响日益扩大，围绕公司治理的中心问题展开的理论研讨也日益激烈。

（一）超产权理论

超产权理论在 20 世纪 90 年代兴起，认为现代企业的经营者不但受剩余索取权的激励，同时还会受剩余控制权的激励。企业产权私有化、利润激励只有在完全自由竞争的市场环境中才能起到刺激经营者增加努力和投入的作用。市场竞争越激烈，剩余控制权的激励越有效。所以，公司治理的中心问题是建立和完善市场自由竞争体系。

（二）代理风险理论

代理风险理论是伴随公司股权日益分散，管理日益专业化而出现的公司治理理论。该理论认为所有者（委托人）和经营者（代理人）之间存在委托代理关系，集中体现在公司股东会与董事会、经理的关系上。股东会与董事会、经理在经济利益、承担的风险等方面并不完全一致，在公司经营信息获取方面存在不对等的客观事实。由此可能诱发经营者（董事会、经理）为追求自身利益的最大化而损害股东和公司的利益的道德风险。所以，公司治理的中心问题就是解决代

---

① 《公司法》第 31 条规定："外商投资企业的组织形式、组织机构及其活动准则，适用《中华人民共和国公司法》《中华人民共和国合伙企业法》等法律的规定。"

理风险问题,以防经营者"篡权"导致投资者利益受损,打击投资积极性。

(三)利益相关者理论

利益相关者理论质疑股东是公司所有者的传统核心概念,认为员工、消费者、公司债权人、供应商、销售商甚至政府机构、当地居民等的利益都与公司利益相关。弗里曼(Freeman)在《战略管理:一种利益相关者的方法》一书中提出的定义最为有名:"利益相关者是能够影响一个组织目标的实现,或者受到一个组织实现其目标过程影响的所有个体和群体。"美国学者布莱尔认为,公司的目的不能局限于股东利润最大化,而应同时考虑其他利益相关者,包括员工、债权人、供应商、用户、所在社区及经营者的利益,企业各种利益相关者利益的共同最大化才应当是现代公司的经营目标,也才能充分体现公司作为一个经济组织存在的价值。因此,有效的公司治理应当能够向这些利益相关者提供与其利益关联程度相匹配的权利、责任和义务。

以上理论从不同角度阐释公司治理面临的困难和压力,并提出了解决方案,各有其合理性。公司治理理论具有较强的实践性、应用性,对我国公司法立法、司法、执法活动都具有重要指导意义,我们需要根据本国国情进行权衡和取舍,摒弃盲从和擅断。

二、资本多数决原则

资本多数决原则是指股东在公司中的表决权按照所认购的股份或认缴的出资进行分配,所认购的股份或认缴的出资越多,表决权越大。也就是说,公司重大事项的表决权不是按照股东人数进行分配。前者体现资本民主,后者则体现股东民主;前者是公司资合性的体现,后者是人合性的体现。

我国《公司法》第103条规定,股份有限公司的表决权按股份进行划分,即每一股份有一表决权。股份越多,表决时越有优势。第42条规定,有限责任公司股东按照出资比例行使表决权,但是,公司章程另有规定的除外。所以有限责任公司没有完全适用资本多数决原则。

资本多数决原则符合市场经济下风险与收益相均衡的规则,但是无法防范大股东滥用优势地位损害公司、股东的道德风险,毕竟公司与大股东的利益并不是完全一致。因此,各国立法中都对资本多数决原则的适用进行了限制,包括表决权排除、限制最高表决权等。

三、双层股权结构

股东平等是传统公司法理论的基本原则，我国《公司法》也规定一股一表决权，同股同权，同股同利。但是，随着高科技产业的发展，资本市场中股权投资者与公司创始人的控制权之争愈演愈烈，为了寻求二者的平衡，双层股权结构应运而生。

双层股权结构，又称二元股权结构、双重股权制等，是根据投资者的需要设置的差异化表决权，从而促成股权投资者与公司创始人权益均衡的目标。一般表现为发行两种权利内容不同的股票，一类遵循同股同权原则，每股一个表决权，也称为普通股；另一类每一股拥有数倍于前者的表决权，也称为超级表决权股。

相较于传统上同股同权的单层股权结构而言，在双层股权结构下，拥有超级表决权的股东持有较少股份便可实现对公司的管理控制，有利于公司创始者在吸引来风险投资的同时继续保持对公司的控制权。但是双层股权结构的设置更加强化了管理层（通常为公司创始者或其代理人）的控制权，使得所有权与经营权的背离程度更深，随之而来的代理成本也会大幅度提高。另外，双层股权结构的设置也会打破公司治理的平衡状态，极大弱化公司的内外部制衡机制。

我国 2018 年发布的《国务院关于推动创新创业高质量发展打造"双创"升级版的意见》第 26 条提出允许科技企业"同股不同权"；2019 年发布的《关于在上海证券交易所设立科创板并试点注册制的实施意见》允许科技创新企业发行表决权数量大于普通股份的特别表决权股份，其后陆续有采用双层股权结构的高科技公司通过发行股票登录科创板。

第六章　必要的董事、监事任职资格与义务

本章阐释董事、监事任职资格与义务的基础知识，以案例分析加深理解，提高应用能力，使学生明了规定董事、监事任职资格与义务对公司、股东及其他利益相关人的意义和价值，清楚违反忠实义务与勤勉义务的具体表现，明确其法律责任，学会用董事、监事任职资格与义务的法律规定维护公司、股东的权益。

第一节　基础知识

本节从董事、监事的文义含义入手，分别对董事、监事、经理任职资格与义务进行阐释，重点列举了违反勤勉义务与忠实义务的具体表现。力图帮助学生在涵养中国传统文化、培养家国情怀的基础上，初步掌握违反董事、监事任职资格与义务的判断标准。

一、董事、监事的文义含义

"董"是形声字，在《说文解字》中写作"蕫"，从艸，童声。《尚书·大禹谟》中说："戒之用休，董之用威，劝之以九歌，俾勿坏。"《楚辞·屈原·涉江》中说："余将董道而不豫兮，固将重昏而终身。"《后汉书·陈忠传》中对丞相日常工作的描述："入则参对而议政事，出则监察而董是非。"魏征《谏太宗十思疏》中有言："虽董之以严刑，振之以威怒，终苟免而不怀仁，貌恭而不心服。怨不在大，可畏惟人；载舟覆舟，所宜深慎。"

"监"，《说文解字》中说："临下也。从卧，䘓（kàn）省声"。《尚书·周书·吕刑》中说："上帝监民，罔有馨香德，刑发闻惟腥。"《尚书·酒诰》中说："人无于水监，当于民监。"这两处的"监"都有监察、考察之意。《国语·周语》中说："火师监燎，水师监濯。"这里"监"却有管理之意了。

所以，"董"和"监"虽都有管理之意，但"董"是指统帅、自上而下管理，"监"更强调从旁监察、看守之意。董事与监事虽都属于公司管理机构的管理人员，但其职权、职责有明显差别。

二、公司管理者的任职资格

《公司法》第146条规定，有下列情形之一的，不得担任公司的董事、监事、高级管理人员[①]：

（1）无民事行为能力或者限制民事行为能力；

（2）因贪污、贿赂、侵占财产、挪用财产或者破坏社会主义市场经济秩序，被判处刑罚，执行期满未逾5年，或者因犯罪被剥夺政治权利，执行期满未逾5年；

（3）担任破产清算的公司、企业的董事或者厂长、经理，对该公司、企业的破产负有个人责任的，自该公司、企业破产清算完结之日起未逾3年；

（4）担任因违法被吊销营业执照、责令关闭的公司、企业的法定代表人，并负有个人责任的，自该公司、企业被吊销营业执照之日起未逾3年；

（5）个人所负数额较大的债务到期未清偿。

董事、监事、高级管理人员在任职期间出现前述情形之一的，公司应当解除其职务。公司违反规定选举、委派董事、监事或者聘任高级管理人员的，该选举、委派或者聘任无效。

三、公司管理者的义务：忠实义务和勤勉义务

董事、监事、高级管理人员应当遵守法律、行政法规和公司章程，对公司负有勤勉义务和忠实义务。

（一）忠实义务

董事、监事、高级管理人员不得利用职权收受贿赂或者其他非法收入，不得侵占公司的财产。董事、高级管理人员除以上外，还负有以下义务：

（1）不得挪用公司资金；

（2）不得将公司资金以其个人名义或者以其他个人名义开立账户存储；

（3）不得违反公司章程的规定，未经股东（大）会或者董事会同意，将公司资金借贷给他人或者以公司财产为他人提供担保；

（4）不得违反公司章程的规定或者未经股东（大）会同意，与本公司订立合同或者进行交易；

[①] 《公司法》第216条规定："高级管理人员，是指公司的经理、副经理、财务负责人，上市公司董事会秘书和公司章程规定的其他人员。"

（5）不得未经股东（大）会同意，利用职务便利为自己或者他人牟取属于公司的商业机会，自营或者为他人经营与所任职公司同类的业务；

（6）不得接受他人与公司交易的佣金归为己有；

（7）不得擅自披露公司秘密；

（8）其他。

另外，股份有限责任公司不得直接或者通过子公司向董事、监事、高级管理人员提供借款。股份有限责任公司应当定期向股东披露董事、监事、高级管理人员从公司获得报酬的情况。

（二）勤勉义务

1. 含义。勤勉义务是指董事、监事、高级管理人员在管理公司事务过程中负有尽力运用自己的知识、经验、技能的义务。包括知情义务、尽责（主观和客观）、无过错。大陆法系称为善良管理人的注意义务、善管义务；英美法系称为注意义务。

2. 免责依据。一般根据商业判断规则确定是否尽到勤勉义务，如《司法解释四》第 12 条规定，公司董事、高级管理人员等未依法履行职责，导致公司未依法制作或者保存《公司法》第 33 条、第 97 条规定的公司文件材料，给股东造成损失，股东有权请求以上人员承担民事赔偿责任。对未依法履行职责与未依法制作或者保存公司文件材料的因果关系的判断就可以根据商业判断规则来确定。

四、董事、监事和高级管理人员违反法定或约定义务的民事责任

1. 赔偿损失。董事、监事、高级管理人员执行公司职务时违反法律、行政法规或者公司章程的规定，给公司造成损害的，应当承担赔偿责任。

2. 返还财产。如果公司财产被董事、监事、高级管理人员挪为本人或第三人使用，则其负有返还公司财产的责任。

3. 归入责任。董事、高级管理人员违反规定所得的收入应当归公司所有。

第二节　理解与应用

本节将通过三个真实案例，对董事、高级管理人员的任职资格与义务的法律规定进行深入分析和研讨，通过学生自主总结案件焦点、解决重点和疑难问题的活动，实现加深学生对专业知识的理解、提高应用能力的目标。

案例一

一、案件事实与判决

姚某在 D 公司担任总经理一职，双方签订自 2017 年 8 月 8 日至 2020 年 8 月 7 日的劳动合同，每月工资为 10 万元。姚某在公司提供的入职登记表家庭信息一栏中仅填写了女儿的信息，后将其配偶朱某（未向公司报告与其关系）招入公司担任总监职务。姚某于 2018 年 3 月 15 日被某市白云区人民法院立案纳入失信被执行人名单。

2018 年 6 月 2 日，D 公司向姚某出具劳动合同解除通知："姚某女士：因你在担任我司总经理期间，在用人方面等有关问题上，故意隐瞒重大事实，给我公司声誉造成恶劣影响。身为公司总经理，诚信并维护公司良好声誉应是你最为重要的职责，然而，你的行为已经让公司对你是否能够良好履职产生重大怀疑，基于此，现公司研究决定如下：自 2018 年 6 月 3 日起，解除你与公司的劳动合同。"姚某因此起诉要求 D 公司支付违法解除劳动合同的赔偿金和应休未休带薪年休假工资。D 公司辩称，姚某隐瞒其与另一员工朱某系夫妻关系，以及其系失信被执行人员等事实，与企业的经营理念背道而驰，且失信被执行人不得担任企业的高级管理人员，所以，双方劳动合同实际无法履行，公司解除与姚某的劳动关系并无不当。

经法庭调查，D 公司未规定不如实报告家庭情况、招录亲属等属于严重违纪行为，也无证据证明已经向姚某明确表示公司有此要求；姚某将其配偶朱某招入公司担任总监职务时，未向公司报告与其关系。

法院判决：D 公司于判决生效之日起 10 日内支付违法解除劳动合同的赔偿金和姚某应休未休带薪年休假工资。[①]

二、本案争议焦点

本案的争议焦点有两个：一是姚某未如实报告，并将其配偶招入公司是否违反忠实义务；二是公司以经理被列为失信被执行人为由单方解除劳动合同是否合法。

---

① 上海市第一中级人民法院民事判决书（2019）沪 01 民终 4647 号。有删改。

三、本案重点、难点

1. 姚某未如实报告，并将其配偶招入公司是否违反忠实义务？

夫妻同在一个公司担任管理者并不稀奇，更不违法，但是，在公司要求登记的入职登记表中隐瞒家庭成员信息，并招聘家庭成员为管理者，则不符合通常的商业准则，而且确实为公司增加了不稳定因素和风险。《公司法》第148条未对此进行明确，D公司要求进行家庭情况登记，但对登记不实的后果未做规定，但从职业道德角度而言，姚某未按照公司要求如实登记家庭情况，又未告知公司亲属关系的情况下聘用丈夫担任管理职务都有违反公司的忠实义务，只是性质的严重程度尚未达到必须法律规制的程度。除非公司有证据证明造成其他严重后果，例如夫妻串通侵占公司财产或有其他违反忠实义务行为，则可以根据《公司法》第147条或第148条的规定，要求相应主体承担对公司损失的赔偿责任。

2. 公司以经理被列为失信被执行人为由单方解除劳动合同是否合法？

《公司法》规定董事、监事、高级管理人员在任职期间出现《公司法》第146条所列情形的，公司应当解除其职务，违反规定选举、委派董事、监事或者聘任高级管理人员的，该选举、委派或者聘任无效。因此，姚某作为公司经理因个人所负数额较大的债务到期未清偿而被法院列入失信被执行人名单后，公司依法应解除其职务，且因其行为给公司造成损失的还应赔偿损失，但是，法律并没有将其列入用人单位可以单方解除劳动合同的情形之中。

案例二

一、案件事实与判决

A公司为B公司的实际控制人，分别与张某两人签订了《股权代持协议书》，委托张某两人作为自己对B公司持有的100%股份的名义持有人，2015年6月17日B公司股东变更为A公司（持股100%）。A公司2011年12月15日股东为李某（持股36.25%）及其他18名自然人（共持股63.75%）。2015年4月28日前，李某还是A公司法定代表人，担任董事长兼总经理职务。李某为C公司的实际控制人，选择他人为其代持C公司的股权。

2014年1月10日，某医院和B公司签订《合作框架协议》，约定双方合作共建某省医学影像阅片中心平台、检验分析中心平台和互联网医院、应急无线医疗项目；协议自双方签字盖章之日起生效，有效期为十年。协议还约定B公司在项目实施中投资巨大，如果在合作期限内，某医院终止协议，需赔偿 B 公司的项目建设损失。同年 8 月 10 日，B 公司首次发表"B 网络医院平台软件"，后取得该软件的著作权登记。

2014 年 9 月 23 日某医院发《通知函》，表明"我院曾向 B 公司项目主管协商提出中止框架协议意见，B 公司表示理解……我院决定中止与 B 公司所有合作项目，特此函告"。A 公司 2014 年 9 月 25 日发《通知函回复》，载明"同意某医院通知函中提出的终止合作意见"。但双方未就先期投入和赔偿等问题进行协商。

2014 年 11 月 20 日，C 公司与某医院签订《C 网络医院合作协议》，约定双方视对方为省内唯一的合作方，双方共同合作组建 C 网络医院，并对用户提供网上诊疗、双向转诊等医疗服务。2015 年 5 月 28 日，C 公司首次发表"C 网络医院平台 V1.0"，并取得该软件的著作权登记。

B 公司、A 公司诉称 A 公司股东李某利用担任 A 公司法定代表人、董事长、总经理的便利，牟取属于 B 公司的商业机会，违反对 A 公司、B 公司的忠实和勤勉义务，损害公司利益，请求其承担赔偿责任，某医院构成共同侵权，对此应承担连带赔偿责任。李某辩称自己并非 B 公司的董事或高管，对该公司不负忠实义务，不可能成为篡夺其商业机会的民事责任主体，也从来不是 B 公司的股东，对 B 公司不负有股东义务。某医院辩称自己没有篡夺商业机会的共同故意，故不构成共同侵权。

法院认为，李某须以向 B 公司赔偿的方式弥补 A 公司因 B 公司利益直接受损而受到的损失。①

二、本案争议焦点

本案的争议焦点有两个：一是李某作为 A 公司的董事和高管，是否对被 A 公司实际控制的 B 公司也负有忠实义务；二是在某医院与 B 公司的合同已经终止的情况下，李某控制的 C 公司与某医院的合同是否属于篡夺 B 公司商业机会。

三、本案重点、难点

1. 李某作为 A 公司的董事长和总经理，是否对 B 公司负有忠实义务？

A 公司通过股权代持协议实际持有 B 公司 100% 的股权，可以对 B 公司实现完全控制，包括 B 公司的管理者和重大决策都由 A 公司决定。同时，B 公司的经

---

① 广东省高级人民法院民事判决书（2019）粤民终 1027 号。有删改。

营风险与成果也由 A 公司完全承受。因此，B 公司权益与 A 公司存在一致关系，正向关系。维护 B 公司利益是维护 A 公司股东权益的重要组成部分。李某作为 A 公司法定代表人、董事长、经理，负有对 A 公司的忠实和勤勉义务，而维护 B 公司利益当然属于其对 A 公司履行忠实和勤勉义务的内容。所以，虽然李某不是 B 公司的董事、高管人员，但是对 B 公司的业务活动同样负有忠实和勤勉义务。

2. C 公司与某医院的合同是否篡夺 B 公司商业机会？

李某为 A 公司的董事长和总经理不一定可以完全控制 B 公司。既要考察 A 公司对董事会的授权，也要考察 B 公司董事会的独立性。而本案对此没有论述。如果 A 公司没有对法定代表人、董事长、总经理的职权进行必要限制，且 B 公司董事会不具有必要的独立性，则李某拥有对 B 公司的实际控制权是显而易见的。在本案中，B 公司花费巨额投入研发成功"B 网络医院平台软件"，并取得著作权登记时，却与某医院达成终止协议且未商谈任何补偿，明显不合商业惯例，也违背常情。李某作为 A 公司法定代表人、董事长和总经理，没有证据证明其对 B 公司这一重大业务予以足够重视，为挽回协议终止所造成的损失采取应有措施，反而自己实际控制的 C 公司承揽了本由 B 公司承揽并已经完成软件开发的主要合同义务的项目。因此，本案中，在无相反证据的情形下，判定 C 公司篡夺了 B 公司商业机会是符合常理的。

3. C 公司与某医院的合同是否有效？

为维护交易稳定和安全，降低交易成本和费用，形成了只要交易相对人有合理理由信任交易的合法性即交易有效的商业惯例，除非违反强制性法律规定。本案中，虽然李某作为 C 公司的实际控制人实施了篡夺 B 公司商业机会的行为，理应承担由此给其担任董事、高管人员的 A 公司的损失。但是，C 公司与某医院的合同不一定无效，除非证明某医院存在恶意等法定无效或可撤销事由。

■ 案例三

一、案件事实与判决

深圳 S 公司章程规定，公司成立后 90 日内股东应缴付出资 300 万美元，第一次出资后一年内（即 2006 年 3 月 16 日前）应缴付余下出资 1 300 万美元。A 公司为深圳 S 公司股东，分多次出资后，还有 500 余万美元一直未缴。2005 年 1 月 11 日至 2006 年 12 月 29 日，胡某、薄某、史某同时在深圳 S 公司、A 公司担任董事，其中胡某还为深圳 S 公司董事长、法定代表人。从 2006 年 12 月 30 日起，贺某、王某、李某同时在深圳 S 公司、A 公司担任公司董事，其中贺某还为深圳 S 公司董事长、法定代表人。

深圳 S 公司被 B 公司起诉至法院，因财产不足偿债，2011 年法院追加 A 公司为被执行人，经强制执行，A 公司仍欠缴出资 491 余万美元，但已经没有其他可供执行的财产，后深圳 S 公司被申请破产清算。B 公司起诉胡某、薄某、史某、贺某、王某、李某六名董事，要求他们对 A 公司欠缴深圳 S 公司的出资所造成的损失承担连带责任。胡某等六名董事在诉讼期间未能提交证据证明其在股东出资期限届满即 2006 年 3 月 16 日之后向股东履行过催缴出资的义务。

法院判决：六名董事应对深圳 S 公司股东欠缴出资所造成的损失承担连带责任。①

二、本案争议焦点

本案的争议焦点有两个：一是追缴股东出资是否属于董事勤勉义务的范围；二是胡某等六名董事承担责任是否以过错为归责原则。

三、本案重点、难点

1. 追缴股东出资是否属于董事勤勉义务的范围？

根据《司法解释三》第 13、第 17 条的规定，股东未履行或者未全面履行出资义务，债权人有权请求未尽《公司法》第 147 条规定的勤勉义务而使出资未缴足的董事承担相应责任。因此，追缴股东出资属于董事勤勉义务的范围。需要注意的是，董事承担未追缴股东出资的责任应以股东未履行或者未全面履行出资义务为限，即股东没有履行而非不能履行，所以并非像本案中已经穷尽对公司、股东债务追索后方才起诉公司董事，只要符合法律规定，就可以请求董事承担相应责任。

2. 胡某等六名董事承担责任是否以过错为归责原则？

从本案处理结果来看，原告只证明了股东实缴出资期限已过，且因股东迟迟未缴出资给公司造成了损失，董事需要自己举证证明尽到催缴出资的勤勉责任。因为胡某等六名董事在诉讼期间未能提交证据证明其在股东出资期限届满即 2006 年 3 月 16 日之后履行向股东催缴出资的义务，不得不承担败诉后果。显然适用的是推定过错责任的归责原则。这一处理十分合情合理。董事作为公司管理者，

---

① 中华人民共和国最高人民法院民事判决书（2018）最高法民再 366 号。有删改。

负有对公司忠实和勤勉的义务，理应尽职尽责，同时负责公司各类文件和账簿的保管和处理，在公司股东出资、财务变化、经营效益的信息占有和使用上与股东和其他公司利益相关人相比具有明显优势，而且作为职业管理人，其商业经验与才能也非常人所及，由其举证证明忠实义务和勤勉义务履行状况，既便利举证，也能提高证据内容的专业性。

第三节　知识拓展与伦理分析

本节通过阐释商业判断规则等知识与理论，拓展学生知识面，引导学生进一步深入思考董事等公司管理者对公司负有的义务与责任，建立有效的法律思维模式，提高法律专业技能。

一、商业判断规则

随着社会的发展，商业活动的专业性越来越强，风险越来越波谲云诡。作为公司掌舵人的董事、高级管理人员职业风险和压力日趋加大，已经严重影响其积极性和创造性的发挥，为在缓解其职业压力和降低代理风险之间寻求平衡，美国法院在长期的司法实践中概括出了"商事判断规则（The Business Judgment Rule)"，用来解决对董事等管理者是否尽到对公司的忠实和勤勉义务的判断问题，其实质是将对董事义务的追责限制在一个合理的范围之内。

商业判断规则要求对董事履行职责的追责不应以决策是否错误、公司是否遭受损失为依据，而是从两个方面判断：（1）是否与交易存在利害关系，即交易的决策过程是否具有独立性、客观性；（2）是否出于善意，并尽到了注意义务，即做出商业判断时不存在重大过失。对于后者往往要求行为人自己举证证明。

二、中国传统文化中的敬业精神

敬业是中华民族的传统美德。早在春秋时期，孔子就曾说过为人要"敬事而信"，主张做事要专一，不能三心二意。近代思想家梁启超在他的《敬业与乐业》一文中指出："敬业主义，于人生最为必要，又于人生最为有利。"著名教育家蔡元培先生说："人生之目的，为尽义务而来。每人必有一定职务，必做一番事业，此谓之职业……今之人误解职业，以得权利为唯一目的，实则不然。重在义务，不仅有益自身，且须有益于人群，始不辜负此人生。"

事业成功、人生圆满是每个人的美好愿望，而对自己所从事的工作认真负责，爱岗敬业是必经途径。所谓爱岗敬业不仅是热爱自己的专业和本职工作，更重要的是有强烈的事业心、勤勉的工作态度、旺盛的进取意识和无私的奉献精神。大禹治水"三过家门而不入"、诸葛亮"鞠躬尽瘁死而后已"都是强烈事业心和勤勉工作态度的典型写照。2020年抗疫群体的最好代表医护人员感动全国人民，他们全面诠释了爱岗敬业所包含的无私奉献精神。

第七章　博弈中的股东权益保护与限制

本章阐释股权的基础知识，以案例分析加深理解，提高应用能力，使学生明了股权对公司、股东、管理层及其他利益相关人的意义和价值，清楚股权与其他财产权的区别，明确股权的功能与限制，既能学会用股权维护股东权益，又能保护公司不会受到股东滥用权利的损害。

第一节　基础知识

本节从股权的概念入手，分别对股权的种类、救济措施、转让进行阐释，重点分析了股权的救济与保护，力图帮助学生初步掌握作为股东重要的投资性权利的保障及其限制。

一、股权的概念和种类

（一）股权的概念

股权是指股东根据占有公司资本的份额而在公司中享有的权利。股东占有公司资本的份额可以通过出资、继承、买卖、赠与等多种途径获得。除一人公司外，公司股东人数不少于两人，所以股东与公司间的关系不是普通的合同关系，是团体与其成员间的关系。因此，股权也不是纯粹个人利益的表现，而是涉及全体股东利益的权利，与个人的权利有所不同。股权既表现为股东获得投资收益的财产性权利，又表现为全体股东共同管理公司的社团管理性权利。所以，股权行使的规则比较复杂。

（二）股权的类型

股权按照不同分类标准可以划分成不同种类。

1. 公司法最基本的股权分类，是依股权行使的目的和内容为标准划分成共益权和自益权。

（1）共益权，即股东以自己的利益并兼以公司的利益为目的而行使的权利，例如出席股东会并进行表决的权利、代表公司向董事起诉权、股东会召集请求权、对董事违法行为的停止请求权等。

（2）自益权，即为达到股东个人的目的（营利）而行使的权利，如利润分配请求权、剩余财产分配请求权、股票交付请求权等。

共益权主要是管理权；自益权主要是财产权。

2. 依股权受法律强制的程度为标准，可以将其划分成固有权和非固有权。

（1）固有权是指公司法赋予股东的、不得以公司章程或股东（大）会决议予以剥夺或限制的权利。

（2）非固有权是指股东可以通过协商一致，以公司章程或股东（大）会决议方式剥夺或限制的权利。

共益权多属于固有权，而自益权多属于非固有权。例如《司法解释四》第9条规定，公司章程、股东之间的协议等实质性剥夺股东依据《公司法》第33条、第97条的规定查阅或者复制公司文件材料的权利，公司以此为由拒绝股东查阅或者复制的，人民法院不予支持。显然股东查阅或者复制公司文件材料的权利就属于股东的固有权利。

二、股权的内容

（一）一般权利

股东依法享有资产收益、参与重大决策和选择管理者等权利。

（二）具体权利

1. 股利分配权。股东请求公司分配股息、红利的权利，是股东取得投资回报的主要方式。股东按照实缴的出资比例分取红利，全体股东约定不按照出资比例分取红利的除外。公司连续五年盈利却不分配利润的，股东可以请求公司按照合理的价格收购其股权。

股东不得单独就股利分配问题提起诉讼，除非股东能提交载明具体分配方案的股东（大）会决议，或者存在违反法律规定滥用股东权利导致公司不分配利润，给其他股东造成损失。

2. 表决权。股东参加股东（大）会就表决事项投票的权利。

3. 选举权和被选举权。股东在由股东（大）会选举产生的董事和监事人选上享有选举权和被选举权。

4. 董事解任请求权。股东在董事解任事项上享有表决权。董事任期届满前被解除职务，其主张解除不发生法律效力的，人民法院不予支持。但被解任董事可以请求补偿，法院将依据法律、行政法规、公司章程的规定或者合同的约定，综合考虑解除的原因、剩余任期、董事薪酬等因素，确定是否补偿以及补偿的合理数额。

5. 知情权。股东有权通过查阅、复制公司有关文件，了解公司经营状况，以便及时采取措施维护投资权益。

（1）内容。有限责任公司股东有权查阅、复制公司章程、股东会会议记录、董事会会议决议、监事会会议决议和财务会计报告。股份有限公司股东有权查阅公司章程、股东名册、公司债券存根、股东大会会议记录、董事会会议决议、监事会会议决议、财务会计报告，对公司的经营提出建议或者质询；公司应当定期向股东披露董事、监事、高级管理人员从公司获得报酬的情况。

（2）权利性质。属于固有权。公司章程、股东之间的协议等实质性剥夺股东查阅或者复制公司文件材料的权利，公司以此为由拒绝股东查阅或者复制的，人民法院不予支持。

（3）权利限制。股东要求查阅公司会计账簿的，应当向公司提出书面请求，说明目的。公司有合理根据认为股东查阅会计账簿有不正当目的，可能损害公司合法利益的，可以拒绝提供查阅，并应当自股东提出书面请求之日起15日内书面答复股东并说明理由。

有限责任公司有证据证明股东存在下列情形之一的，应当认定股东有《公司法》第33条第2款规定的"不正当目的"：

①股东自营或者为他人经营与公司主营业务有实质性竞争关系业务的，但公司章程另有规定或者全体股东另有约定的除外；

②股东为了向他人通报有关信息查阅公司会计账簿，可能损害公司合法利益的；

③股东在向公司提出查阅请求之日前的3年内，曾通过查阅公司会计账簿，向他人通报有关信息损害公司合法利益的；

④股东有不正当目的的其他情形。

（4）权利救济。股东因为知情权行使受阻起诉时应具有公司股东资格，除非有初步证据证明在持股期间其合法权益受到损害，请求依法查阅或者复制其持股期间的公司特定文件材料。人民法院应当在判决中明确查阅或者复制公司特定文件材料的时间、地点和特定文件材料的名录。

股东依据人民法院生效判决查阅公司文件材料的，在该股东在场的情况下，可以由会计师、律师等依法或者依据执业行为规范负有保密义务的中介机构执业人员辅助进行。

（5）法律责任。

①股东行使知情权后泄露公司商业秘密导致公司合法利益受到损害，公司有权请求赔偿相关损失。

②会计师、律师等辅助股东查阅公司文件材料的人员，泄露公司商业秘密导致公司合法利益受到损害，公司有权请求赔偿相关损失。

③公司董事、高级管理人员等未依法履行职责，导致公司未依法制作或者保存文件材料，给股东造成损失，股东有权依法请求承担民事赔偿责任。

6. 公司增资的优先认购权。公司新增资本时，股东有权优先按照实缴的出资比例认缴出资。但是，全体股东约定不按照出资比例优先认缴出资的除外。

7. 异议股东收购请求权。有限责任公司有下列情形之一的，对股东会该项决议投反对票的股东可以请求公司按照合理的价格收购其股权：

①公司连续 5 年不向股东分配利润，而公司该五年连续盈利，并且符合《公司法》规定的分配利润条件的；

②公司合并、分立、转让主要财产的；

③公司章程规定的营业期限届满或者章程规定的其他解散事由出现，股东会会议通过决议修改章程使公司存续的。

自股东会会议决议通过之日起 60 日内，股东与公司不能达成股权收购协议的，股东可以自股东会会议决议通过之日起 90 日内向人民法院提起诉讼。

8. 公司终止后对公司剩余财产的分配权。需要注意的是，公司为自己股东时无表决权、无股利分配权。

三、股权的特殊救济措施

（一）代表诉讼

代表诉讼是指当公司董事、监事、高级管理人员或第三人（一般为关联企业或自然人）侵害公司利益，而公司怠于或者拒绝通过诉讼追究侵权人的责任时，股东有权为了公司利益对行为人提起诉讼。

1. 代表诉讼的适用范围。《公司法》规定了两种情形：一是董事、高级管理人员有《公司法》第 149 条规定的情形；二是他人侵犯公司合法权益，给公司造成损失的。

2. 代表诉讼的前置程序。有限责任公司的股东、股份有限公司连续 180 日以上单独或者合计持有公司 1% 以上股份的股东，应先书面请求监事会或者不设监事会的有限责任公司的监事向人民法院提起诉讼；监事有《公司法》第 149 条规定的情形的，前述股东可以书面请求董事会或者不设董事会的有限责任公司的执行董事向人民法院提起诉讼。监事会、不设监事会的有限责任公司的监事，或者董事会、执行董事收到前款规定的股东书面请求后拒绝提起诉讼，或者自收到请求之日起 30 日内未提起诉讼。除非情况紧急、不立即提起诉讼将会使公司利益受到难以弥补的损害，否则必须履行前述前置程序方可提起代表诉讼。

3. 代表诉讼提起主体范围。有限责任公司的股东、股份有限公司连续 180 日以上单独或者合计持有公司 1% 以上股份的股东有权提起代表诉讼。公司为第三人参加诉讼。

4. 诉讼利益的承受。胜诉利益归属于公司，其诉讼请求部分或者全部得到人民法院支持的，公司应当承担股东因参加诉讼支付的合理费用。

（二）解散公司请求权

公司经营管理发生严重困难，继续存续会使股东利益受到重大损失，通过其他途径不能解决的，持有公司全部股东表决权 10% 以上的股东，可以请求人民法院解散公司。

经营管理发生严重困难的情形：

（1）公司持续两年以上无法召开股东（大）会，公司经营管理发生严重困难的；

（2）股东表决时无法达到法定或者公司章程规定的比例，持续两年以上不能做出有效的股东（大）会决议，公司经营管理发生严重困难的；

（3）公司董事长期冲突，且无法通过股东（大）会解决，公司经营管理发生严重困难的；

（4）经营管理发生其他严重困难，公司继续存续会使股东利益受到重大损失的情形。

股东以知情权、利润分配请求权等权益受到损害，或者公司亏损、财产不足以偿还全部债务，以及公司被吊销企业法人营业执照未进行清算等为由，提起解散公司诉讼的，人民法院不予受理。

《司法解释五》规定：人民法院审理涉及有限责任公司股东重大分歧案件时，应当注重调解。在不违反法律、行政法规的强制性规定的情形下，人民法院应支持当事人协商一致以下列方式解决分歧：

（1）公司回购部分股东股份，公司应当自调解书生效之日起6个月内将股份转让或者注销。股份转让或者注销之前，股东不得以公司收购其股份为由对抗公司债权人；

（2）其他股东受让部分股东股份；

（3）他人受让部分股东股份；

（4）公司减资；

（5）公司分立；

（6）其他。

四、股权的转让

（一）有限责任公司的股权转让

1. 继承。自然人股东死亡后，其合法继承人可以继承股东资格；但是，公司章程另有规定的除外。其他股东主张优先购买权的，人民法院不予支持，但公司章程另有规定或者全体股东另有约定的除外。

2. 协议转让取得。

（1）有限责任公司的股东之间可以相互转让其全部或者部分股权。

（2）股东向股东以外的人转让股权，应当经其他股东过半数同意。股东应就其股权转让事项书面通知其他股东征求同意，其他股东自接到书面通知之日起满30日未答复的，视为同意转让。其他股东半数以上不同意转让的，不同意的股东应当购买该转让的股权；不购买的，视为同意转让。经股东同意转让的股权，在同等条件下，其他股东有优先购买权。两个以上股东主张行使优先购买权的，协商确定各自的购买比例；协商不成的，按照转让时各自的出资比例行使优先购买权。

（3）公司章程对股权转让另有规定的，从其规定。

3. 强制执行取得。人民法院依照法律规定的强制执行程序转让股东的股权时，应当通知公司及全体股东，其他股东在同等条件下有优先购买权。其他股东自人民法院通知之日起满20日不行使优先购买权的，视为放弃优先购买权。

4. 优先购买权行使规则。股权的协议转让和强制转让中都涉及股东优先购买权的行使问题，因此，《司法解释四》和《九民纪要》都专门对此进行了规定。

第一，转让股东应当以书面或者其他能够确认收悉的合理方式通知其他股东转让股权的同等条件。

第二，优先购买权必须在法定时限内行使。应当在公司章程规定的行使期间内提出购买请求。公司章程没有规定行使期间或者规定不明确的，以通知确定的期间为准，通知确定的期间短于 30 日或者未明确行使期间的，行使期间为30 日。

第三，"同等条件"的范围包括转让股权的数量、价格、支付方式及期限等。

第四，转让股东损害其他股东优先购买权的认定条件。转让股东未就其股权转让事项征求其他股东意见，或者以欺诈、恶意串通等手段，损害其他股东优先购买权，应当承担法律责任；但其他股东自知道或者应当知道行使优先购买权的同等条件之日起 30 日内没有主张，或者自股权变更登记之日起超过 1 年的除外。

第五，转让股东收回股权转让的规定。有限责任公司的转让股东，在其他股东主张优先购买后可以收回转让股权的承诺，但公司章程另有规定或者全体股东另有约定的除外。其他股东主张转让股东赔偿其合理损失的，人民法院应当予以支持。

第六，侵犯优先购买权的股权转让合同的效力。为保护股东以外的股权受让人的合法权益，股权转让合同如无其他影响合同效力的事由，应当认定有效。股东以外的股权受让人可以依法请求转让股东承担相应民事责任。

（二）股份有限公司的股份转让

1. 一般规则。

（1）记名股票，由股东以背书方式或者法律、行政法规规定的其他方式转让。

（2）无记名股票的转让，由股东将该股票交付给受让人后即发生转让的效力。

（3）上市公司的股票，依照有关法律、行政法规及证券交易所交易规则上市交易。

2. 股份转让的限制性规定。

（1）发起人转让本公司股份的限制性规定。自公司成立之日起 1 年内不得转让。公司公开发行股份前已发行的股份，自公司股票在证券交易所上市交易之日起 1 年内不得转让。

（2）公司董事、监事、高级管理人员转让本公司股份的限制性规定。应当向公司申报所持有的本公司的股份及其变动情况，在任职期间每年转让的股份不得超过其所持有本公司股份总数的 25%；所持本公司股份自公司股票上市交易之日起 1 年内不得转让；离职后半年内，不得转让其所持有的本公司股份。

公司章程可以对公司董事、监事、高级管理人员转让其所持有的本公司股份作出其他限制性规定。

第二节　理解与应用

本节将通过四个真实案例，对股权行使所涉及的法律知识和理论进行实战演练，通过学生自主总结案件焦点、解决重点和疑难问题的活动，实现加深学生对专业知识的理解和应用、训练法律思维和专业技能的目标，并在真实案例的分析中，融入社会伦理和个人品格分析和教育，实现价值塑造的教育目标。

■ 案例一

一、案件事实与判决

A 公司实际控制 B 公司，李某心、彭某、李某慰系 A 公司董事，庄某系 A 公司高层管理人员；彭某、李某慰 2005 年起同时担任 B 公司董事。C 公司是台港澳与境内合资的有限责任公司，周某持股比例 10%；B 公司持股比例 90%。C 公司《中外合资经营企业章程》第 15 条规定，董事会由 5 名董事组成，其中 1 名由周某出任，B 公司委派 4 名，董事长由 B 公司指定。李某慰（2011 年 11 月至今担任董事长）、彭某（兼任总经理）、庄某、李某心、周某组成 C 公司董事会。C 公司明确表示该公司不曾选举监事组成工商登记的监事会。

2005 年 9～10 月，C 公司的 740 万元人民币分四次转入 D 公司账户，将 10 万元转入 E 公司账户；上述 750 万元人民币被 D 公司和 E 公司在兑换成港币后分四次汇入 B 公司。B 公司收到上述款项后，向 C 公司发传真确认收到 C 公司通过第三方汇入的港币 710 万元，并承诺 2005 年 10 月 10 日转回。但 B 公司一直未转回上述款项。

周某认为彭某作为 C 公司董事，故意将 C 公司资产转给 A 公司关联公司的行为，损害了 C 公司利益，A 公司和彭某理应对此行为给 C 公司造成的损失承担赔偿责任。李某慰作为 C 公司的董事和董事长，明知 C 公司上述资金被其他公司占用，而不积极主张返还，不履行法定勤勉忠实义务，造成 C 公司财产损失，应承担赔偿责任。周某认为，本案由于 C 公司的董事和实际控制人不会自己起诉自己，此时要求履行股东代表诉讼的前置程序没有可能，应允许股东直接提起股东代表诉讼，所以周某直接提起股东代表诉讼要求判令 A 公司、李某慰、彭某共同赔偿 C 公司。

一审法院认为周某在可以向公司董事会提出起诉请求的情况下，没有履行提起股东代表诉讼的前置程序驳回其起诉。二审法院认为没有完成提起股东代表诉讼的前置程序的必要，因此，支持了周某的诉讼请求。[①]

二、本案争议焦点

本案的争议焦点有两个：一是周某应否起诉前向公司监事或监事会提出请求；二是周某应否起诉前向公司董事会提出请求。

三、本案重点、难点

1. 股东对董事提起代表诉讼是否必须经前置程序？

一审法院认为，虽然 C 公司没有选举监事，没有组成监事会，但是 C 公司董事会共有董事五人，周某作为原告起诉其中两名董事，董事会仍有三名董事，可能形成多数表决意见来提起诉讼，因此，对于周某未履行前置程序而直接提起股东代表诉讼不予支持。根据《公司法》的规定，对董事提起代表诉讼应当书面请求监事会或者不设监事会的有限责任公司的监事向人民法院提起诉讼，并没有规定没有监事会就需经董事会通过。法无明文规定即自由是民商事活动基本原则，因此，在 C 公司没有设立监事会也没有监事的情况下，周某可以直接提起代表诉讼，一审法院要求经董事会同意，在法律之外限制了股东代表诉讼的权利，超越了司法权限。

2. 股东对第三人提起代表诉讼是否必须经前置程序？

第三人侵犯公司权益，依法应当经过书面请求董事会或监事会提起诉讼的前置程序，除非存在"情况紧急、损失难以弥补"的法定情形。本案中，C 公司没有监事、监事会，周某起诉 A 公司侵犯 C 公司权益，依法应当经过向董事会提请提起诉讼的前置程序。但是，本案特殊性在于，A 公司是 B 公司的实际控制人，B 公司是 C 公司的控股公司，C 公司现有五名董事中四人为 B 公司委派，四

① 中华人民共和国最高人民法院民事裁定书（2019）最高法民终 1679 号；湖南省高级人民法院民事裁定书（2017）湘民初 18 号。有删改。

人中三人为 A 公司董事，一人为 A 公司高管，期待这样的董事会能通过对 A 公司和两名在 A 公司、C 公司同时担任董事的诉讼事项是难以想象的。因此，《九民纪要》第 25 条规定："但是，该项前置程序针对的是公司治理的一般情况，即在股东向公司有关机关提出书面申请之时，存在公司有关机关提起诉讼的可能性。如果查明的相关事实表明，根本不存在该种可能性的，人民法院不应当以原告未履行前置程序为由驳回起诉。"本案在明显董事会会拒绝提起诉讼的情况下，周某无须履行法律规定的提起股东代表诉讼的前置程序。

案例二

一、案件事实与判决

2014 年 9 月 18 日，Z 公司与朱某等五人签订《发起成立公司协议书》，约定成立 N 公司，注册资本为 2 000 万元，Z 公司认缴出资额 1 200 万元，持有 N 公司 60% 的股权；朱某等五人合计认缴出资 800 万元，合计持有 40% 的股权。2014 年 11 月 7 日 N 公司成立，董事会由三人组成：刘某、沈某（自然人股东）、褚某，任期三年。其中，沈某、褚某均于 2016 年离职，2017 年年底三人任期届满后，一直未能召开股东会选取新一届董事会成员。自 2015 年起 N 公司连年亏损，2016 年朱某等五人陆续离职，截至同年 8 月全部离职。离职后，五人均不再参加 N 公司的经营管理，公司也未再召开股东会、董事会。自然人股东离职后，N 公司主要工作是消化库存、清欠应收款、处理销售人员离职善后事宜，公司主营业务未再正常进行。

2019 年 1 月 4 日，江某区法院立案受理朱某等五人起诉 Z 公司投资合同纠纷一案。同年，Z 公司认为股东各方成立 N 公司的初衷是充分利用朱某等五人的技术和市场，与 Z 公司的资金优势形成互补，现五人早已从公司离职，N 公司账上也无资金，有限公司的人合性、资合性都不再具备，继续存续将导致五人经营期间形成的大量应收款无法收回，进一步损害 Z 公司的利益，因此起诉请求解散 N 公司。朱某等五人认为通过诉讼途径解决和 Z 公司的纠纷并不必然得出股东之间的矛盾已经不可调和的结论，N 公司的经营管理不存在严重困难，Z 公司未举证证明其已穷尽一切可能的救济手段，因此，请求驳回 Z 公司的诉讼请求。

本案诉讼过程中，法院多次主持调解，各股东就公司的存续与经营发展不能达成一致意见，也不能通过股权转让、公司回购股权等方式解决股东僵局，故法院判决 N 公司于判决发生法律效力之日起解散。①

二、本案争议焦点

本案的争议焦点有三个：一是 N 公司经营管理是否发生严重困难；二是如果继续存续是否会使股东利益受到重大损失；三是是否通过其他途径不能解决。

三、本案重点、难点

1. 经营管理发生严重困难的判断规则。

最高人民法院发布的指导案例 8 号指出，"公司虽处于盈利状态，但其股东会机制长期失灵，内部管理有严重障碍，已陷入僵局状态，可以认定为公司经营管理发生严重困难。"因而可知，司法实践中，对"经营管理是否发生严重困难"的判断并非以是否盈利为标准，而是以公司管理机制是否还能发挥作用，股东权益是否得到实现，有限责任对交易安全的威胁是否控制在合理的范围内为标准进行判断。本案 N 公司自 2016 年 8 月以来未召开过股东会，致使三名董事中两名董事离职也未补选，余下一名董事任期到后也未换届选举，公司董事会名存实亡。法定的公司管理机构和运行机制都无法发挥作用，不仅无法保护股东权益，而且这样的公司在有限责任的"庇护"下对交易安全也构成威胁，符合司法实践中对"经营管理困难"的判断标准。

2. 司法中如何判断通过其他途径不能解决？

本案中，朱某等五人与 Z 公司的矛盾自 2016 年起升级，五人相继离职，并自 2016 年 8 月起无法召开股东会，继而导致董事会瘫痪，说明公司管理机构已经无法运营，股东缺乏公司内部磋商机制来解决矛盾或问题；双方就股权回购、出资问题发生三场诉讼始终无法解决，可见股权转让、公司回购股权等方式解决僵局的措施也无效。本案诉讼过程中，一审法院曾主持调解，各股东仍不能就公司的存续达成一致意见。法院由此认定本案符合通过其他途径不能解决而判决解散公司。可见，法院对通过其他途径不能解决的判断是实质性的，必须有充足、高证明力的证据支持下才会得出通过其他途径不能解决的结论，另外，本案也充分反映出司法机关对公司解散的谨慎态度。

---

① 江苏省南京市中级人民法院民事判决书（2020）苏 01 民终 1019 号。有删改。

案例三

一、案件事实与判决

X 公司由 14 名自然人股东出资于 2004 年登记成立。2012 年 8 月 23 日,杨某与 X 公司黄某等 6 名自然人股东签订《股权(出资)转让协议》,主要内容为:卖方将其所持有的全部股权(出资)38.661% 转让于买方,买方共向卖方支付 1 500 万元股权转让款,买方在本协议签订后 2 日内先支付 860 万元,余款买方在本协议签订后 30 日内支付。特别约定由买方将本协议约定的股权转让条件通知 X 公司其他股东,询问其是否主张优先购买权,如 X 公司其他股东主张优先购买权,则卖方无须退回买方基于本协议已支付的转让费,同时其他股东所支付的股权转让款全部直接由买方收取。同日,黄某等 6 名自然人股东给杨某出具《委托书》,该《委托书》载明:黄某等 6 人在 X 公司的股份已于 2012 年 8 月 23 日签约转让给杨某,在股份转让未正式变更前,特委托杨某全权代理委托人行使委托人作为 X 公司股东的一切权利。

2012 年 11 月 26 日上午 9 时 58 分,杨某在 X 公司办公室将《通知》递交给 X 公司李某等另 5 名自然人股东,《通知》主要内容为:X 公司及其余 8 名自然人股东:黄某等 6 名自然人股东在你公司的股份已于 2012 年 8 月 23 日协议转让给杨某,转让价格为 1 500 万元,根据转让协议约定,由杨某将此情况通知你们,并由你们在自收到本通知起 1 个月内主张优先购买权,若你们要购买,则将其 1 500 万元转让款直接支付给杨某。此后杨某参加过两次 X 公司股东会,并行使了表决权。

2019 年,X 公司及其股东钟某等 6 名自然人提起上诉,请求撤销一审判决认定杨某具有股东身份并持有 38.661% 股权错误,并指出:(1)目前为止,黄某等 6 名股东并没有向其他的股东发出书面转让通知;(2)杨某不是发出转让通知的法定主体;(3)将 6 个股东的股份全部打包变为 38.661% 的股份,整体作价 1 500 万元,要求其他股东整体购买,系人为设置障碍,故意提高股份购买的条件及对价,导致其他股东无法正常行使优先购买权。

法院判决股权转让协议有效,杨某具有股东身份并持有 38.661% 的股权。[①]

---

① 湖北省高级人民法院民事判决书(2019)鄂民终 738 号。有删改。

二、本案争议焦点

本案的争议焦点有两个：一是黄某等 6 名自然人股东给杨某出具《委托书》是否合法有效；二是钟某等 6 名自然人优先购买权是否受到侵害。

三、本案重点、难点

1. 黄某等 6 名自然人股东转让股权是否尽到通知义务？

《公司法》第 71 条第二款明确规定，有限责任公司股东向股东以外的主体转让股权的，应当通知其他股东，并获得其他股东过半数同意。黄某等人在 2012 年将股权转让给杨某的过程中，给杨某出具的委托其通知其他股东的《委托书》合法有效，并没有违反法律规定。立法上没有要求转让股权的股东必须亲自通知其他股东，黄某等人有权将通知义务委托杨某代为行使。虽然 11 月 26 日杨某只通知了其他 8 名股东中的李某等 5 名自然人股东，并没有能向其他的股东发出书面转让通知，但其后杨某参加了股东会公司重大事项的表决，因此，钟某等 6 名自然人应当已经知道杨某成为公司占比 38.661% 的股东这一事实。另外，法律规定书面通知其他股东，并非只有通知书一种形式，《司法解释四》对此进行了专门规定：转让股东应当以书面或者其他能够确认收悉的合理方式通知其他股东转让股权的同等条件。因此，杨某参加股东会并行使表决权，上述事项记录于股东会会议记录形成的书面文件，同样可以作为书面通知与同意的记载形式。所以，黄某等 6 名股东股权转让事项已经履行通知义务。

2. 将 6 个股东的股份打包转让是否侵犯其他股东优先购买权？

首先，如前所述黄某等 6 名股东股权转让事项已经以合理方式通知其他股东转让股权的同等条件。

其次，优先购买权必须在法定时限内行使。应当在公司章程规定的行使期间内提出购买请求。公司章程没有规定行使期间或者规定不明确的，以通知确定的期间为准，通知确定的期间短于 30 日或者未明确行使期间的，行使期间为 30 日。即使部分股东未收到股权转让通知或存在欺诈、恶意串通的，《司法解释四》第 21 条规定"其他股东自知道或者应当知道行使优先购买权的同等条件之日起 30 日内"应当主张。钟某等股东在杨某代黄某等人通知股权转让事宜时未提出异议，在杨某以股东身份参加股东会表决时未提出异议，直至 2019 年才提出异议，无论从接到通知，还是从杨某第一次参加股东会时起算都远远超过了 30 日。

最后，"同等条件"的范围包括转让股权的数量、价格、支付方式及期限等。杨某以 1 500 万元打包购买 38.661% 的股份具有特殊合同目的，如果分拆则合同目的无法实现，而且这种打包不存在违反强制性法律规定的事由，所以主张优先购买权的股东理应以同等条件购买。

综上所述，将 6 个股东的股份打包转让没有侵犯其他股东优先购买权。

案例四

一、案件事实与判决

汤某和周某于 2013 年 4 月 3 日签订《股权转让协议》及《股权转让资金分期付款协议》。双方约定：周某将其持有的 Q 有限公司 6.35% 的股权转让给汤某。股权合计 710 万元，分四期付清，即：2013 年 4 月 3 日付 150 万元；2013 年 8 月 2 日付 150 万元；2013 年 12 月 2 日付 200 万元；2014 年 4 月 2 日付 210 万元。此协议双方签字生效，永不反悔。

协议签订后，汤某于 2013 年 4 月 3 日依约向周某支付第一期股权转让款 150 万元。因汤某逾期未支付约定的第二期股权转让款，周某于同年 10 月 11 日以公证方式向汤某送达了《关于解除协议的通知》，以汤某根本违约为由，提出解除双方签订的《股权转让资金分期付款协议》。次日，汤某即向周某转账支付了第二期 150 万元股权转让款，并按照约定的时间和数额履行了后续第三、第四期股权转让款的支付义务。周某以其已经解除合同为由，如数退回汤某支付的 4 笔股权转让款。汤某遂向人民法院提起诉讼，要求确认周某发出的解除协议通知无效，并责令其继续履行合同。在法院未作出一审判决前，2013 年 11 月 7 日周某所持有 Q 有限公司 6.35% 的股权变更登记至汤某名下。

一审法院判决驳回汤某的诉讼请求，二审法院撤销原审判决，确认周某要求解除双方签订的《股权转让资金分期付款协议》行为无效，最高人民法院再审裁定，驳回周某的再审申请。[①]

二、本案争议焦点

本案争议的焦点是周某是否享有《合同法》第 167 条（现为《民法典》第

---

① （2013）成民初字第 1815 号民事判决；（2014）川民终字第 432 号民事判决；（2015）民申字第 2532 号民事裁定。有删改。

634 条）规定的合同解除权。

三、本案重点、难点

周某为何不能单方解除《股权转让资金分期付款协议》?

《合同法》第 167 条（现为《民法典》第 634 条）第一款规定："分期付款的买受人未支付到期价款的金额达到全部价款的五分之一的,出卖人可以要求买受人支付全部价款或解除合同。"在汤某逾期支付总价款 710 万元中的 150 万元时,周某享有要求汤某支付全部价款或解除合同的选择权。但是,最高法院仍然驳回了周某再审请求,其理由主要有以下三个方面。

第一,本案买卖标的物具有特殊性,不宜适用《合同法》。本案买卖的标的物是股权,与以消费为目的的一般买卖存在较大不同。汤某受让股权的目的是参与公司经营管理并获取经济利益,并非满足生活消费;基于股权特点,周某出让股权与一般消费品出售的分期回款的风险不同。

第二,《股权转让资金分期付款协议》的合同目的主要实现障碍已经消除。汤某除第 2 笔股权转让款 150 万元逾期支付 2 个月,其余 3 笔股权转让款均按约支付,一审、二审审理过程中,汤某也明确表示愿意履行付款义务,且在 Q 公司登记文件中汤某已经登记成为股东。

第三,股权转让在维护交易安全方面具有重要价值。有限责任公司的股权转让涉及诸多利益关系,如公司内部的和谐和对外的资信。作为具有强烈人合性的公司,其他股东对受让人汤某的接受和信任十分重要,记载到股东名册和在工商部门登记股权,社会成本和影响已经倾注其中。因此,本案汤某受让股权后已实际参与公司经营管理、股权也已过户登记到其名下,如果不是汤某有根本违约行为,解除合同可能对公司经营管理的稳定和对外资信的评价产生不利影响。[①]

第三节　知识拓展与伦理分析

本节通过阐释股权所涉及的法理和法律规定,深入分析股权保护和限制的必要性,进一步激发学生创造力,引导学生思考完善我国股权保护和限制制度的途径和方法。

---

① 引自:中国法院网,https://www.chinacourt.org/article/detail/2016/10/id/2258390.shtml

一、代表诉讼前置程序的审核规则

公司是独立法人，在法律上独立享有权利承担义务，公司董事、监事和高级管理人员渎职或侵犯公司权益的，公司依法享有诉权。但是，公司的意思表示依赖于意思表示机关，意思表示机关决议规则建立在资本多数决原则下，客观上造成公司董事、监事和高级管理人员的行为与多数股东意志一致时，即使侵害公司权益，也难以被追究。这种情况的存在不仅会打击大量中小投资者投资积极性，而且容易助长利用公司有限责任损害市场正常交易秩序的违法行为发生。故而，立法中通过限制表决权、排除利害关系股东表决权等方式对资本多数决原则的适用进行适当约束，代表诉讼则是在公司完全被多数股东控制，上述措施难以发挥效力时的补救措施。我国《公司法》第151条既赋予了股东提起代表诉讼的权利，又给予了前置程序的限制。就是既给予小股东必要诉权又防止这一权利被滥用而给公司经营造成不应有的困扰。

实践中，司法机关对前置程序的审查比较严格，就如案例一中的一审法院，但是这种做法与代表诉讼立法精神相悖，代表诉讼的关键还是公司董事、监事和高级管理人员是否渎职或侵犯公司权益，前置程序的设置只在于防止滥诉，因此，只要股东能够提供证据证明公司存在怠于行使权利的证明就应当予以受理。案例一中，公司实际控制人2005年借用资金到2016年尚未归还，董事会五人，四人来自实际控制人，已经足以说明公司怠于行使诉权，在公司没有监事会和监事的情况下，如果还强行要求股东拿到董事会拒绝提起诉讼或未提起诉讼的证据明显抬高了代表诉讼的门槛，加重了少数股东维权成本。而我国目前代表诉讼数量低迷与各类媒体报道的众多"金融系王国"迅速扩张、公司控制权日益集中的市场现状明显不相符，前置程序审核过于严格应当是阻碍代表诉讼增长的重要原因。

二、司法解散请求权的设置目的

司法解散请求权是法律为排除资本多数决原则的适用，给予少数股东对抗大股东的一项重要权利，也是一项最终解决由股东矛盾造成公司僵局的措施。

公司的设立与解散都是股东处置自己财产的自治活动，受到宪法与民法保护。但是，资本多数决原则的存在，限制了少数股东对公司命运的影响力。公司组织机构权责制衡关系的存在是公司科学民主管理的保障，也是少数股东权益得以保护的必要条件。但是，当公司组织机构权责制衡关系被彻底破坏，甚至法定管理机构"瘫痪"或被替换，少数股股东投资目的难以实现，财产权益难以保障，所以，法律以"公司经营管理发生严重困难，继续存续会使股东利益受到重大损失"为司法解散请求权行使的前提条件之一，而不是公司亏损。另外，司法解散请求权的实现以公司终止为目标，所以关乎公司相关的所有利益主体，除其他股东外，还包括董事、监事、经理、公司债权人、员工等。因此，以"股东用尽所有从公司脱困的权利和途径"为另一个司法解散请求权的适用条件是十分必要的。

综上所述，司法解散请求权的设置不是以帮助亏损的公司终止运营为目的，而是以帮助陷入组织机构权责制衡关系被破坏的公司之中又难以依靠其他权利行使得到救济的少数股东脱困为目的。

三、有限责任公司股东的优先购买权设置目的

有限责任公司与股份有限公司的最大区别就在于有限责任公司具有人合性，对有限责任公司股东转让股权进行必要的限制，给予公司原有股东优先购买权就是其人合性的重要保障措施之一。但是，股权是公司股东享有的财产权，是受宪法保障的基本人权，因此，在保障有限责任公司人合性的同时，也必须留给股东行使股权的必要自由空间。

案例三中，黄某等6名股东选择把持有的股权打包转让，是对自己股权的处置方法，也是杨某受让股权的条件之一，X公司的其他股东如果受让该股权，应当与杨某一样受让全部打包股份。如果禁止黄某等6名股东将股权打包转让，从而使黄某等6名股东行使股权转让的自由落空，实际上限制了黄某等6名股东行使股权，这种限制未必有利于继续维护公司的人合性。X公司的其他股东如果与杨某一样受让全部打包股份，更有利于维护公司的人和性，更何况这些股东同样可以联合起来共同受让打包转让的股份。所以，与限制股东打包转让股权来保护优先购买权相比，把股东打包转让股权作为受让股权条件之一，更有利于维护有限责任公司的人和性。所以考察股权转让的条件是否侵犯其他股东优先购买权，关键在于是否使其他股东优先购买权无法行使，如果其他股东存在受让可能但因为主观原因不愿意受让，则不能认为股权转让的条件侵犯了其他股东优先购买权。

第八章　宽严相济的转投资与担保程序

本章阐释公司转投资和担保的基础知识，以案例分析加深理解，提高应用能力，使学生明了转投资和担保对公司、股东、管理层及其他利益相关人的意义和价值，清楚公司转投资和担保的法律程序，明确转投资和担保的功能与不足，既能学会用转投资和担保推动公司发展，又能运用转投资和担保法定程序防范代理的道德风险，维护公司和股东权益，保障交易安全。

第一节　基础知识

本节分别对公司的转投资和担保的概念和特征进行阐释，重点分析了转投资和担保的法定程序，力图帮助学生在涵养中国传统文化、培养家国情怀的基础上，初步掌握公司转投资和担保的规范性。

一、公司的转投资

转投资是指公司出资入股或创建新的市场主体的活动。公司转投资是成立企业集团和形成关联企业的重要方式和手段。公司转投资不仅可以扩大经营规模和市场影响力，而且可以规避一些商业风险，降低交易成本和费用。但是，转投资也会容易导致虚增资本、抽逃出资等恶果，特别是在双向转投资中。因此，有必要对转投资行为进行法律规制。以 2005 年为分界点，我国对公司转投资的限制由严格限制转为放宽，直至现在。我国现行《公司法》仍然保留了对转投资对象和程序的限制。

首先，公司转投资的对象受到限制。公司不得成为对所投资企业的债务承担连带责任的出资人。只有合伙企业中才存在承担连带责任的情形，所以公司不得向合伙企业投资。但有限合伙企业除外。与普通合伙人不同，有限合伙人对有限合伙企业承担有限责任而非无限连带责任。除此之外，由于当有限合伙企业只有一名普通合伙人时，其承担的是无限责任，所以公司可以成为有限合伙企业唯一的普通合伙人。

其次，公司转投资的程序法定。公司向其他企业投资应依照公司章程的规定，由董事会或者股东会、股东大会决议；公司章程对投资的总额及单项投资的数额有限额规定的，不得超过规定的限额。当然，上述程序只是公司内部程序，只要符合表见代表的规定，转投资协议效力不受影响，以此维护交易安全，保护公共利益。

二、公司的对外担保

"担"是形声字，从手，旦声。手、旦叠加，形成物负于肩的意思。任豫的《益州记》中说："陰平县北有左担道，於成都为西，自北来者，担在左肩，不得度右肩也。""保"是会意字，古字是大人反手背着一个小孩。《孟子》中说："儒者之道，古之人若保赤子，此言何谓也？之则以为爱无差等，施由亲始。"因此，担保意味着公司将为他人承担提供保护的重担之意，这无疑增加了公司和股东风险，所以对被担保人及其债务需要进行严格筛选。《公司法》根据需要担保的对象不同，规定了不同的公司决议程序。

首先，公司为他人提供担保，依照公司章程的规定，由董事会或者股东（大）会决议；公司章程对担保的总额及单项担保的数额有限额规定的，不得超过规定的限额。上市公司董事与董事会会议决议事项所涉及的企业有关联关系的，不得对该项决议行使表决权，也不得代理其他董事行使表决权。该董事会会议由过半数的无关联关系董事出席方可举行，董事会会议所作决议须经无关联关系董事过半数通过。出席董事会的无关联关系董事人数不足 3 人的，应将该事项提交上市公司股东大会审议。

其次，公司为本公司股东或者实际控制人提供担保的，必须经股东会或者股东大会决议。而且被担保的股东或者实际控制人支配的股东，不得参加此事项的表决。该项表决由出席会议的其他股东所持表决权的过半数通过。

最后，上市公司在一年内担保金额超过公司资产总额 30% 的，应当由股东大会作出决议，并经出席会议的股东所持表决权的 2/3 以上通过。

《九民纪要》专门规定了违反上述规定的担保的效力问题和法律责任。

（一）担保的效力

1. 法定代表人未经授权擅自为他人提供担保的，构成越权代表，应当根据《合同法》第 50 条（现为《民法典》第 504 条）关于法定代表人越权代表的规定，区分订立合同时债权人是否善意分别认定合同效力。

2. 为公司股东或者实际控制人提供关联担保的，债权人主张担保合同有效，应当提供证据证明其在订立合同时对是否符合《公司法》第 16 条的规定进行了审查。公司提供非关联担保的，只要债权人能够证明其在订立担保合同时对决议进行了形式审查，即同意决议的人数及签字人员符合公司章程的规定，就应当认定其构成善意，但公司能够证明债权人明知公司章程对决议机关有明确规定的除外。

3. 存在下列情形之一的，不需要公司机关做出决议：

（1）公司是以为他人提供担保为主营业务的担保公司，或者是开展保函业务的银行或者非银行金融机构；

（2）公司为其直接或者间接控制的公司开展经营活动向债权人提供担保；

（3）公司与主债务人之间存在相互担保等商业合作关系；

（4）担保合同系由单独或者共同持有公司 2/3 以上有表决权的股东签字同意。

（二）越权担保的民事责任

法定代表人的越权担保行为给公司造成损失，公司有权请求法定代表人承担赔偿责任。公司没有提起诉讼，股东可以依据《公司法》第 151 条的规定请求法定代表人承担赔偿责任。

第二节　理解与应用

本节将通过一个真实案例，对公司转投资和担保所涉及的法律知识和理论进行实战演练，通过学生自主总结案件焦点、解决重点和疑难问题的活动，实现加深对专业知识的理解和应用、训练学生法律思维和专业技能的目标。

■ 案例

一、案件事实与判决

顾某 2010 年起持有 A 公司 100% 股权至今。A 公司是 B 公司的股东，顾某 2008～2017 年任 B 公司董事。顾某 2014 年任上市公司 C 公司董事，同年 12 月 1 日被任命为 C 公司董事长，直至 2016 年 7 月 18 日。2014 年底经审计 C 公司总资产 5 400 余万元。C 公司经主管部门备案并公开的章程规定，超过公司总资产

30% 或者公司对关联方的担保须经股东大会审议通过。

2015 年 5 月 8 日，D 投资有限公司（以下简称 D 公司）与 A 公司以及顾某、B 公司、C 公司签订了一份合作协议。约定：D 公司于 2015 年 5 月 8 日前向 A 公司提供 1.5 亿元借款，期限为 1 年，A 公司向 D 公司支付相当于投资资金 18%/年的基本收益，其间届满，A 公司保证退还 D 公司 1.5 亿元。顾某、B 公司、C 公司对协议项下 A 公司的义务提供无限连带责任担保。D 公司与 A 公司、顾某、B 公司及 C 公司分别在协议上盖章和签名。签约时，顾某同时兼任 A 公司、B 公司和 C 公司的法定代表人，所以同时以 A 公司、B 公司和 C 公司法定代表人的身份签名。

D 公司先后于 2015 年 5 月 8 日、11 日分别向 A 公司汇款 13 000 万元和 2 000 万元。A 公司按约支付给了 D 公司投资期内前三个季度的基本收益。因 A 公司未支付第四季度的基本收益，协议到期后也未归还本金，D 公司起诉至法院，请求 A 公司返还本金及第四季度的收益，顾某、B 公司及 C 公司承担连带还款责任。

B 公司和 C 公司认为系担保构成对关联方提供的担保，应经股东（大）会决议。C 公司还提供废旧印章销毁登记表、印章入网证各 1 份，指出协议中的本公司公章没有编号，与其合法备案使用的合同专用章不符，故而不认可公章的真实性。D 公司提供公司法定代表人与 A 公司、B 公司和 C 公司资金往来记录，表示存在交易惯例，无须 B 公司和 C 公司法定机关通过担保决议。

法院判决 B 公司、C 公司为 A 公司提供担保无效。[①]

二、本案争议焦点

本案的争议焦点有两个：一是顾某的意思表示是否构成对 B 公司、C 公司的越权代表；二是 D 公司是否为担保合同的善意相对人。

三、本案重点、难点

1. 顾某代表 B 公司、C 公司签订合作协议的行为是否构成越权代表？

法定代表人越权担保是商事主体制度不健全、发展不成熟的体现，在我国商业活动中发生频率较高。因此，我国《合同法》对表见代表问题进行了规制，

---

① 中华人民共和国最高人民法院民事裁定书（2020）最高法民申 1773 号；上海市高级人民法院（2019）沪民终 274 号民事判决；上海市第一中级人民法院（2016）沪 01 民初 806 号民事判决。有删改。

《民法典》第 504 条延续其规定："法人的法定代表人或者非法人组织的负责人超越权限订立的合同，除相对人知道或者应当知道其超越权限外，该代表行为有效，订立的合同对法人或者非法人组织发生效力。"所以，法定代表人的意思表示不一定都代表法人或非法人组织，如果超越权限则需要进行审查。

《公司法》第 16 条专门规定了公司向其他企业投资或者为他人提供担保的程序，同时也是为防范投资和担保中的法定代表人越权代表设置了预防措施。A 公司是 B 公司的股东，依照《公司法》第 16 条第二款的规定，公司为公司股东提供担保的，必须经股东会决议。因此，B 公司为 A 公司提供担保应经 B 公司的股东会通过，顾某才能代表 B 公司为合作协议提供担保。C 公司为上市公司，《公司法》第 121 条规定："上市公司在一年内担保金额超过公司资产总额百分之三十的，应当由股东大会作出决议，并经出席会议的股东所持表决权的三分之二以上通过。"C 公司经主管部门备案并公开的章程也规定，超过公司总资产 30% 担保须经股东大会审议通过，2014 年底经审计 C 公司总资产 5 400 余万元，而担保合同金额为 1.5 亿元，远远超过 C 公司总资产的 30%，因此，C 公司的担保议案应经股东大会出席会议的股东所持表决权的 2/3 以上通过，顾某才能代表 C 公司为合作协议提供担保。所以顾某以 B 公司、C 公司法定代表人身份未经法定程序直接为合作协议提供担保的行为构成越权代表。

2. D 公司是否为越权代表中的善意相对人？

根据《民法典》第 504 条的规定，如果 D 公司是顾某越权代表中的善意相对人，则 B 公司、C 公司对合作协议的担保有效，B 公司、C 公司应对合作协议产生的债务承担连带保证责任，否则，B 公司、C 公司无须承担连带保证责任。根据《九民纪要》的规定，D 公司主张自己是顾某越权代表中的善意相对人，需要提供证据。B 公司的担保构成关联担保，D 公司应当提供证据证明其在订立合同时对是否符合《公司法》第 16 条的规定进行了审查；C 公司提供的是非关联担保，D 公司需要证明其在订立担保合同时对决议进行了形式审查，即同意决议的人数及签字人员符合公司章程的规定。而 D 公司不能提供其事先对 B 公司、C 公司的董事会决议或者股东（大）会决议（包括同意决议的人数及签字人员）进行了审查的证据，而且 D 公司作为专业从事投资活动的主体，投资和担保的相关法律和行业惯例是其必备知识，因此，应当认定其不构成善意。

另外，D 公司认为公司法定代表人与 A 公司、B 公司和 C 公司存在资金往来记录，表明存在交易惯例，符合《九民纪要》第 19 条中规定的第三种情形，因此，无须 B 公司和 C 公司法定机关通过担保决议。这种说法不合理。《九民纪要》第 19 条规定的无须审查有无公司机关决议的第三种情形是指：公司与主债务人之间存在相互担保等商业合作关系。从文义解释角度来看，公司与公司法定代表人显然不是一个主体，不能混为一谈。公司法定代表人虽然代表公司对外做出意思表示，在符合代表行为构成要件的情况下其法律后果由公司承受，但是法定代表人与公司利益并非完全一致，其信用基础也不相同，从法律角度来看，法定代表人的个人经济活动与公司完全分离，所以，法定代表人与 A 公司、B 公司和 C 公司的资金往来不能成为 D 公司与前述公司存在相互担保等商业合作关系的证明。因此，D 公司审查 B 公司、C 公司担保决议是否存在的义务不能免除。

第三节　知识拓展与伦理分析

本节通过阐释公司转投资与担保所涉及的法理和法律规定，进一步拓宽学生视野，激发创新性思维，引导学生形成有效的法律思维模式，提高法律专业技能。

一、公司转投资的功与过

当代社会，公司转投资已经成为资本运营以及实现利润最大化的基本手段，不仅通过转投资形成对上下游企业的控制，谋求最好的交易价格和其他交易条件，还可以通过对不同行业的资本渗透，最大限度分散经营风险和获取投资收益。但是，除了专业从事投资的公司，转投资不仅为公司叠加了主业之外的风险，而且易形成资本虚增，构成资本泡沫，一旦资金链断裂，就会引发一系列公司的倒闭和破产，形成社会性风险，所以，世界各国都对转投资进行一定程度的法律限制。我国在 2005 年《公司法》修改后取消了对公司转投资的数额限制和放宽了投资对象的限制，公司转投资得到蓬勃发展。

但是，这些民营金融体系并不稳定和安全。2019 年"安邦系"、2020 年"明天系"相继崩塌。通过转投资的资本运作，可以用很少的投资控制大量的以独立法人形式存在的公司，而这些公司的注册资本由循环投资的资产形成，导致对外承担责任的能力十分脆弱。所以，虽然转投资在短时期扩张资本和提高市场竞争力方面效果突出，但同时埋下基础脆弱的隐患。因此，我国金融监管机构多次颁布对金融控股公司的监管规定，从加强准入管理、严格股东资质审查、强化公司治理与关联交易监管等多方面对金融领域的转投资活动进行监管。

二、关联关系与关联交易

母子公司、控股股东与公司、实际控制人与公司等关系复杂的由投资、协议或者其他安排而形成的各类关联关系的存在促成关联交易的大量发生，转投资和担保既是关联关系形成的纽带，也是关联交易发生的重要领域。

《公司法》第216条分别对关联关系、控股股东、实际控制人进行了界定。关联关系，是指公司控股股东、实际控制人、董事、监事、高级管理人员与其直接或者间接控制的企业之间的关系，以及可能导致公司利益转移的其他关系。但是，国家控股的企业之间因为同受国家控股而具有关联关系。控股股东，是指其出资额占有限责任公司资本总额50%以上或者其持有的股份占股份有限公司股本总额50%以上的股东；出资额或者持有股份的比例虽然不足50%，但依其出资额或者持有的股份所享有的表决权已足以对股东会、股东大会的决议产生重大影响的股东。实际控制人，是指虽不是公司的股东，但通过投资关系、协议或者其他安排，能够实际支配公司行为的人。

关联交易在有效降低交易成本与费用、减少交易风险的同时，也为不正当的利益输送、偷逃税款提供了便利，大量的失去对公司控制权的中小股东也成为控股股东、实际控制人主导下的关联交易的受害者，甚至危及了交易秩序的稳定。

因此，立法上必须对关联交易进行限制和约束。《公司法》第21条规定："公司的控股股东、实际控制人、董事、监事、高级管理人员不得利用其关联关系损害公司利益。违反前款规定，给公司造成损失的，应当承担赔偿责任。"《公司法》第124条还特别规定，与董事会会议决议事项所涉及的企业有关联关系的上市公司董事"不得对该项决议行使表决权，也不得代理其他董事行使表决权。该董事会会议由过半数的无关联关系董事出席即可举行，董事会会议所作决议须经无关联关系董事过半数通过。出席董事会的无关联关系董事人数不足三人的，应将该事项提交上市公司股东大会审议"。但是，从包商银行破产案来看，关联交易的法律规制亟待完善。

三、习近平法治思想在本章的体现

我国立法对关联关系和关联交易的调整是习近平法治思想在经济关系调整中的重要体现。

习近平法治思想扎根中国特色社会主义法治实践沃土，根据中国法治实践推动中国立法、司法。我国仍然处于社会主义发展的初级阶段，社会主义市场经济体制建设仍处于探索和实验阶段，市场主体发展不成熟，市场主体制度和交易制度刚刚初见成效。国际竞争日益激烈，政治因素、意识形态因素迅速渗透更加剧世界贸易的风险和不确定性。面对我国发展环境和形势所发生的深刻复杂变化，必须把发展的立足点放在国内，集中力量、更加主动地办好自己的事情，更多依靠国内市场实现经济发展。转投资有益于市场主体做大做强，甚至形成跨国公司，关联关系和关联交易可以有效降低交易成本与费用、减少交易风险。

一切为了人民，这是法治中国的目标指引。我国现行公司法对转投资、关联交易的宽松规定正是我国当前市场经济发展对自由、宽松的营商环境的要求，反映了市场经济发展的客观要求，是迅速发展、尽快富强、打破霸权主义对我国的经济压迫的必由之路，是人民意愿、人民权益的价值追求在法律上的体现和要求。高水平的良法善治就是以是否坚守人民立场、植根民心、依靠人民推动法治的进步。

因此，对转投资、担保、关联交易等活动的法律规制必须立足中国经济发展的现状和要求，既不能照搬照套西方国家曾经有过的发展道路使其自由放任，也不能盲目夸大其负面作用严格限制其活动，必须脚踏实地，扎根中国法治发展实践，建立符合中国国情的规制转投资、担保、关联交易的模式。

第九章　严苛的解散和清算责任

本章阐释公司解散和清算的基础知识，以案例分析加深理解，提高应用能力，使学生明了清算对公司、股东、管理层及其他利益相关人的意义和价值，学会用清算责任的法律规定维护股东、债权人的合法权益。

第一节　基础知识

本节从解散和清算的文义含义入手，分别对解散和清算的概念进行阐释，重点分析了清算程序和责任的法律规定，力图帮助学生在涵养中国传统文化、培养家国情怀的基础上，初步掌握有关公司清算的法律规定与理论。

一、解散和清算的文义含义

"解""散"两个字都是会意字。《说文解字》中说："解，判也。从刀，判牛角。"在甲骨文中上半部分像两手掰牛角的样子，因此，解释为宰杀牛的意思。《庄子·养生主》中有《庖丁解牛》篇，讲述了庖丁神乎其技的用刀解剖牛的过程。《国语·鲁语上》中"晋文公解曹地以分诸侯"来收买人心，屈原在《离骚》用"虽体解吾犹未变兮，岂余心之可惩"来表现其坚贞不屈的精神。贾思勰《齐民要术·水稻》中用"二月冰解"形象表述了河冰融化的情形。"解"也被引申到人与人的关系中，《墨子·号令》中说："守入临城，必谨问父老、吏大夫、请有怨仇雠不相解者，召其人，明白为之解之。""散"在《说文解字》中为"杂肉"。《广韵》则说："散，诞也。"唐代刘禹锡在《酬乐天闲卧见寄》中用"散诞向阳眠，将闲敌地仙"表达出了一种悠闲自在的意趣。贾谊的《过秦论》"于是从散约败，争割地而赂秦"中的"散"有解除之意。我国古代有一种束发方式就称为"解散髻"。所以解散应有解除合约，回归自由的意味。

"清"是形声字，《说文解字》中说："清，朖（朗）也，澂水之皃。"曹植《又赠丁仪王粲》中说："山岑高无极，泾渭扬浊清。"这两处都说明"清"指澄清的水。《论语·微子》中说："虞仲、夷逸，隐居放言，身中清，废中权。"

《楚辞·招魂》中说："朕幼清以廉洁兮，身服义而未沫。"这两处则有干净、洁白之意，应为清水的引申意思。"算"是会意字，《说文解字》中解释："数也。"《论语·子路》中说："子贡问曰：'何如斯可谓之士矣？'子曰：'行己有耻，使于四方，不辱君命，可谓士矣。'曰：'敢问其次。'曰：'宗族称孝焉，乡党称弟焉。'曰：'敢问其次。'曰：'言必信，行必果，硁硁然小人哉！抑亦可以为次矣。'曰：'今之从政者何如？子曰：噫！斗筲之人，何足算也？'"可见，清算应是干干净净、明明白白计算清楚的意思。

二、公司解散事由

1. 约定解散。公司章程规定的营业期限届满或者公司章程规定的其他解散事由出现，公司也可以通过修改公司章程而存续，修改公司章程的股东（大）会决议时，有限责任公司须经持有 2/3 以上表决权的股东通过，股份有限公司须经出席股东大会会议的股东所持表决权的 2/3 以上通过。

2. 决议解散。股东会或者股东大会决议解散。

3. 因公司合并或者分立需要解散。

4. 行政强制解散。依法被吊销营业执照、责令关闭或者被撤销。

5. 司法强制解散。人民法院依照《公司法》第 182 条的规定解散公司。

三、公司清算组组成及其职权

除因公司合并或者分立需要解散的情形外，公司解散事由发生后应当及时组织清算。清算期间，公司的意思表示机关为清算组，负责公司对内对外的清算活动。

（一）清算组组成方式

1. 自愿组成。除合并、分立外，公司应当在解散事由出现之日起 15 日内成立清算组，开始清算。

2. 法院指定。有下列情形之一，债权人、公司股东、董事或其他利害关系人可以申请人民法院指定清算组进行清算：

（1）公司解散事由发生后逾期不成立清算组进行清算的；

（2）虽然成立清算组但故意拖延清算的；

（3）违法清算可能严重损害债权人或者股东利益的。

（二）清算组组成人员

1. 有限责任公司的清算组组成人员从股东中选出组成。

2. 股份有限公司的清算组由董事或者股东大会确定的人员组成。

3. 人民法院组织的清算组从下列人员中选出组成：公司股东、董事、监事、高级管理人员；依法设立的律师事务所、会计师事务所、破产清算事务所等社会中介机构；依法设立的律师事务所、会计师事务所、破产清算事务所等社会中介机构中具备相关专业知识并取得执业资格的人员。

清算组成员有下列情形之一的，人民法院可以根据债权人、公司股东、董事或其他利害关系人的申请，或者依职权更换清算组成员：有违反法律或者行政法规的行为；丧失执业能力或者民事行为能力；有严重损害公司或者债权人利益的行为。

（三）清算组职权

1. 清理公司财产，分别编制资产负债表和财产清单；

2. 通知、公告债权人；

3. 处理与清算有关的公司未了结的业务；

4. 清缴所欠税款以及清算过程中产生的税款；

5. 清理债权、债务；

6. 处理公司清偿债务后的剩余财产；

7. 代表公司参与民事诉讼活动。

公司成立清算组的，由清算组负责人代表公司参加诉讼；尚未成立清算组的，由原法定代表人代表公司参加诉讼。

（四）清算组责任

清算组成员从事清算事务时，违反法律、行政法规或者公司章程给公司或者债权人造成损失，公司或者债权人主张其承担赔偿责任的，人民法院应依法予以支持。

四、清算程序

（一）通知和公告债权人

清算组应当自成立之日起 10 日内（书面）通知债权人，并于 60 日内在报纸上公告。债权人应当自接到通知书之日起 30 日内，未接到通知书的自公告之日起 45 日内，向清算组申报其债权。

公告应当根据公司规模和营业地域范围在全国或者公司注册登记地省级有影响的报纸上进行。

未履行通知和公告义务，导致债权人未及时申报债权而未获清偿，清算组成员对因此造成的损失承担赔偿责任。

（二）债权人申报债权

清算组对债权人申报的债权进行登记，在公司清算程序终结前补充申报债权的，也应予登记。债权人补充申报的债权，可以在公司尚未分配财产中依法清偿。公司尚未分配财产不能全额清偿，债权人可以从股东在剩余财产分配中已经取得的财产予以清偿；但债权人因重大过错未在规定期限内申报债权的除外。债权人或者清算组，不得以公司尚未分配财产和股东在剩余财产分配中已经取得的财产，不能全额清偿补充申报的债权为由，提出破产清算申请。

债权人对清算组核定的债权有异议的，可以要求清算组重新核定。清算组不予重新核定，或者债权人对重新核定的债权仍有异议，债权人可以公司为被告向人民法院提起诉讼请求确认。

在申报债权期间，清算组不得对债权人进行清偿。

（三）制订和确认清算方案

清算组在清理公司财产、编制资产负债表和财产清单后，应当制订清算方案，公司自行清算的，报股东会或者股东大会决议确认；人民法院组织清算的，报人民法院确认。

未经确认的清算方案，清算组不得执行。执行未经确认的清算方案给公司或者债权人造成损失，公司、股东、董事、公司其他利害关系人或者债权人可请求清算组成员承担赔偿责任。

（四）制作和认可债务清偿方案

人民法院指定的清算组发现公司财产不足清偿债务的，可以与债权人协商制作有关债务清偿方案。经全体债权人确认且不损害其他利害关系人利益的，人民法院可依清算组的申请裁定予以认可。清算组依据该清偿方案清偿债务后，应当向人民法院申请裁定终结清算程序。对债务清偿方案不予确认或者人民法院不予认可的，清算组应当依法向人民法院申请宣告破产。

（五）执行清算方案或债务清偿方案

依照清算方案或债务清偿方案，清算组用公司财产支付清算费用、职工的工资、社会保险费用和法定补偿金，缴纳所欠税款，清偿公司债务。公司财产在未清偿前述费用和债务前，不得分配给股东。有剩余财产的，有限责任公司按照股东的出资比例分配；股份有限公司按照股东持有的股份比例分配。

（六）清算程序终结

公司清算程序终结，是指清算报告经股东会、股东大会或者人民法院确认完毕。《司法解释（二）》第 16 条规定："人民法院组织清算的，清算组应当自成立之日起六个月内清算完毕。因特殊情况无法在六个月内完成清算的，清算组应当向人民法院申请延长。"

五、清算责任

有限责任公司的股东、股份有限公司的董事和控股股东、实际控制人都是公司清算的利害关系人，又是主要参与主体，因此，对清算负有主要责任。除前面规定的清算责任外，还在下列活动中负有责任。

1. 成立清算组责任。未在法定期限内成立清算组开始清算，导致公司财产贬值、流失、毁损或者灭失，在其造成损失的范围内对公司债务承担赔偿责任。

2. 保管主要财产、账册、重要文件责任。有限责任公司的股东、股份有限公司的董事和控股股东因怠于履行义务，导致公司主要财产、账册、重要文件等灭失，无法进行清算，应对公司债务承担连带清偿责任。

3. 恶意处置公司财产给债权人造成损失的，在其造成损失的范围内承担赔偿责任。

4. 未经依法清算，以虚假的清算报告骗取公司登记机关办理法人注销登记责任。公司未经清算即办理注销登记，导致公司无法进行清算，其对公司债务承担清偿责任。股东或者第三人在公司登记机关办理注销登记时承诺对公司债务承担责任，应承担相应民事责任。

六、清算责任的免除

《九民纪要》规定在两种情形下可以免除相应主体的清算责任。

1. 有限责任公司的股东举证证明其"怠于履行义务"的消极不作为与"公司主要财产、账册、重要文件等灭失，无法进行清算"的结果之间没有因果关系，不对公司债务承担连带清偿责任。（最高人民法院的第 9 号指导案例随之被废止）

2. 公司债权人请求股东对公司债务承担连带清偿责任，股东可以以公司债权人对公司的债权已经超过诉讼时效期间为由进行抗辩。

公司债权人以《司法解释（二）》第 18 条第二款为依据，请求有限责任公司的股东对公司债务承担连带清偿责任的，诉讼时效期间自公司债权人知道或者应当知道公司无法进行清算之日起计算。

七、解散清算诉讼实务

1. 公司已经清算完毕注销，股东直接以清算组成员为被告、其他股东为第三人向人民法院提起诉讼的，人民法院应予受理。

2. 解散公司诉讼案件和公司清算案件由公司住所地人民法院管辖。公司住所地是指公司主要办事机构所在地。公司办事机构所在地不明确的，由其注册地人民法院管辖。

3. 基层人民法院管辖县、县级市或者区的公司登记机关核准登记公司的解散诉讼案件和公司清算案件；中级人民法院管辖地区、地级市以上的公司登记机关核准登记公司的解散诉讼案件和公司清算案件。

第二节　理解与应用

本节将通过两个真实案例，对公司解散和清算所涉及的法律知识和理论进行实战演练，通过学生自主总结案件焦点、解决重点和疑难问题的活动，实现加深对专业知识的理解和应用、训练学生法律思维和专业技能的目标，并在真实案例的分析中，融入社会伦理和个人品格分析和教育，实现价值塑造的教育目标。

■ 案例一

一、案件事实与判决

自 2016 年起，A 公司与 B 公司签订多份《加工定作合同》，由 A 公司为 B 公司加工平台楼梯、平台栅格等物件，B 公司支付费用。截至诉前，双方一致确认 B 公司尚欠 A 公司货款 557 626.81 元。

2018 年，为落实北京市国资委部署的"压减"工作，B 公司于 2018 年 6 月 19 日召开股东会，作出决议：同意公司成立清算组，其中，组长为贾某，组员为 C 公司、D 公司、贾某。全体股东即 C 公司、D 公司盖章确认。2018 年 7 月 11 日，B 公司就清算事宜向登记机关进行备案。2018 年 7 月 20 日，B 公司在某市报纸发布注销公告，载明经股东会决议，拟向登记机关申请注销，并公布了清算组成员，请债权人自见报之日起 45 日内到公司清算组申报债权债务。2018 年 8 月 29 日，A 公司向 B 公司申报债权，内容为货款，金额为 557 626.81 元，B 公司清算组予以确认。

此后，A 公司认为 B 公司自 2018 年成立清算组自行清算以来，长期未出具清算报告，未完成清算，属于怠于履行义务，导致公司主要财产、账册、重要文件等灭失，其股东应该对公司债务承担连带清偿责任。同时，A 公司认为在清算期间，B 公司对甲公司进行了清偿，侵害了 A 公司的权益，故清算组成员亦应对 A 公司承担赔偿责任，故提起诉讼。

B 公司、D 公司、C 公司则对上述主张不予认可，认为清算组一直在积极履行清算义务，没有怠于履行义务，相应的财产、账册、文件都存在，并提交了相应的资产评估报告、资产交易凭证、民事判决书等予以证明，只是清算报告还未经 C 公司审批通过。关于对甲公司的清偿，B 公司、D 公司、C 公司认为系清算期间以废旧的库存材料以市场价 285 311 元折抵了大约 71 万元的债务，实际上系帮助 B 公司减少损失，没有损害 A 公司的利益。故不同意 A 公司的所有诉讼请求。庭审中，法院还对 A 公司是否对 B 公司申请强制清算进行了释明，A 公司表示不同意申请强制清算。

法院驳回了 A 公司的全部诉讼请求。①

二、本案争议焦点

本案的争议焦点有两个：一是贾某、C 公司和 D 公司是否怠于履行清算义务；二是 B 公司对甲公司的清偿是否侵害了 A 公司的权益。

三、本案重点、难点

1. "怠于履行清算义务" 的表现形式有哪些？

从本案来看，法院认为只有 "没有启动清算程序成立清算组，或者在清算组组成后没有履行清理公司主要财产以及管理好公司账册、重要文件等义务" 才构成怠于履行义务，仅仅清算时间经过较长不足以构成怠于清算。由此可以看出，司法中对 "怠于履行清算义务" 的判断是实质性的，即必须造成损害后果或明显违背法律时限的规定，显示了司法对 "怠于履行清算义务" 认定的谨慎态度。

---

① 北京市第一中级人民法院民事判决书（2021）京 01 民终 3219 号。有删改。

2. 损害结果是否为承担清算责任的构成要件之一？

本案审理法院明确了清算责任本质上是侵权责任，应符合侵权责任的构成要件。并认为"现 B 公司的清算程序尚在持续过程中"，难以确定损害结果，不满足侵权责任构成要件。这一判断符合了《司法解释（二）》第 23 条的规定，即："清算组成员从事清算事务时，违反法律、行政法规或者公司章程给公司或者债权人造成损失，公司或者债权人主张其承担赔偿责任的，人民法院应依法予以支持。"因此，清算责任的构成要件中，损害结果的发生或存在是必需条件。

■ 案例二

一、案件事实与判决

S 公司只有王某一个股东，自 2015 年 1 月 1 日至 2018 年 4 月 30 日因经营亏损，无法清偿其全部债务。王某、顾某组成 S 公司清算组进行清算，但未向债权人发书面通知，只在当地报纸刊登了 S 公司解散清算公告。2018 年 8 月 1 日 S 公司做出《公司清算报告及确认清算报告的决定》，以注销清算已结束，公司债权债务已清理完毕，清算报告所列事项准确无误、合法、有效，公司债权债务如有遗漏由公司股东承担为由，向市场监督管理部门提出注销登记请求，市场监督管理部门准予 S 公司注销登记。后 Y 公司以王某作为清算组组长以及 S 公司唯一股东，明知 S 公司债务未清理完毕，未书面通知债权人申报债权，以虚假的清算报告骗取公司登记机关办理法人注销登记为由，请求王某承担对公司债务的清偿责任。王某则以已经在报纸上刊登公告、Y 公司未及时申报债权为由进行了答辩。

法院判决王某承担 S 公司对 Y 公司的债务清偿责任。[①]

二、本案争议焦点

本案的争议焦点是王某的行为是否构成以虚假的清算报告骗取公司登记机关办理法人注销登记。

三、本案重点、难点

公司解散清算是否必须书面通知债权人？

《公司法》第 185 条规定："清算组应当自成立之日起十日内通知债权人，

---

① 中华人民共和国最高人民法院民事裁定书（2020）最高法民申 5085 号。有删改。

并于六十日内在报纸上公告。债权人应当自接到通知书之日起三十日内，未接到通知书的自公告之日起四十五日内，向清算组申报其债权。"《司法解释（二）》第 11 条①也规定了以通知和公告两种方式告知债权人公司解散清算事宜。《司法解释（二）》第 20 条②还规定了公司未经依法清算即办理注销登记，股东在公司登记机关办理注销登记时承诺对公司债务承担责任的应承担相应民事责任。因此，王某作为公司唯一股东、清算组组成人员，在未通知已知债权人的情况下，违反了《公司法》第 185 条和《司法解释（二）》第 11 条的规定，构成未依法清算即办理注销登记，王某又在注销登记时承诺对公司遗漏债务承担责任，当然理应对债务承担责任。从本案法院审理逻辑可以看出，书面通知债权人是效力性强制性规范，是清算组必须履行的法定程序。

第三节　知识拓展与伦理分析

本节通过阐释清算的有关法理和法律规定，深入分析清算制度在保护公司、股东、债权人合法权益方面的意义和价值，启发学生进一步思考清算制度的完善措施，激发其创造力，从而形成有效的法律思维模式，提高法律专业技能。

一、中小股东清算责任的认定

《九民纪要》针对实践中关于有限责任公司股东清算责任的认定，一些案件的处理结果不适当地扩大了股东尤其是中小股东的清算责任情形，进行了规范。

《司法解释（二）》第 18 条③第二款规定，有限责任公司股东因怠于履行义

---

① 第 11 条规定，公司清算时，清算组应当按照《公司法》第 185 条的规定，将公司解散清算事宜书面通知全体已知债权人，并根据公司规模和营业地域范围在全国或者公司注册登记地省级有影响的报纸上进行公告。

清算组未按照前款规定履行通知和公告义务，导致债权人未及时申报债权而未获清偿，债权人主张清算组成员对因此造成的损失承担赔偿责任的，人民法院应依法予以支持。

② 第 20 条规定，公司解散应当在依法清算完毕后，申请办理注销登记。公司未经清算即办理注销登记，导致公司无法进行清算，债权人主张有限责任公司的股东、股份有限公司的董事和控股股东，以及公司的实际控制人对公司债务承担清偿责任的，人民法院应依法予以支持。

公司未经依法清算即办理注销登记，股东或者第三人在公司登记机关办理注销登记时承诺对公司债务承担责任，债权人主张其对公司债务承担相应民事责任的，人民法院应依法予以支持。

③ 第 18 条规定，有限责任公司的股东、股份有限公司的董事和控股股东未在法定期限内成立清算组开始清算，导致公司财产贬值、流失、毁损或者灭失，债权人主张其在造成损失范围内对公司债务承担赔偿责任的，人民法院应依法予以支持。

有限责任公司的股东、股份有限公司的董事和控股股东因怠于履行义务，导致公司主要财产、账册、重要文件等灭失，无法进行清算，债权人主张其对公司债务承担连带清偿责任的，人民法院应依法予以支持。

务，导致公司主要财产、账册、重要文件等灭失，无法进行清算，应当对债权人承担连带清偿责任。最高人民法院第9号指导案例确立了有限责任公司全体股东在法律上应一体成为公司的清算义务人，无论股东在公司中所占的股份多少，是否实际参与了公司的经营管理，都有义务在公司解散后在法定期限内依法进行清算。

实践中，根据《司法解释（二）》第18条第二款和最高人民法院第9号指导案例，不少清算之诉都出现了对公司控制力薄弱甚至毫无控制力的中小股东不得不承担对公司债务的连带责任。这些中小股东在公司解散前对公司主要财产、账册、重要文件没有控制权，在公司解散后对清算活动的开展往往没有能力参与和控制，无力推动清算活动的进行。因此，"怠于清算"无从谈起，会"导致出现利益明显失衡的现象"。所以，《九民纪要》认为，在认定有限责任公司股东是否应当对债权人承担侵权赔偿责任时，应当正确理解《司法解释（二）》第18条第二款规定的"怠于履行义务"。如果股东能够举证证明其已经为履行清算义务采取了积极措施，或者其既不是公司董事会或者监事会成员，也没有选派人员担任该机关成员，且从未参与公司经营管理，则不应当承担连带清偿公司债务的清算责任。

对于第9号指导案例，2020年12月最高人民法院《关于部分指导性案例不再参照的通知》中指出："为保证国家法律统一正确适用，根据《中华人民共和国民法典》等有关法律规定和审判实际，经最高人民法院审判委员会讨论决定，9号、20号指导性案例不再参照。但该指导性案例的裁判以及参照该指导性案例作出的裁判仍然有效。本通知自2021年1月1日起施行。"

二、"怠于履行清算义务"的构成要件

根据案例二的司法裁判，可以确定《司法解释（二）》第18条第二款中的"怠于履行义务"是指法定主体由于过错导致主要财产、账册、重要文件等灭失，造成债权人债权无法实现的后果。尚未实质性导致债权人债权受损，则不能要求清算义务人承担连带责任。

这样处理，无疑保护了公司、股东、董事的利益，却形成对债权人利益保护的失衡。如案例二所示，其裁判结果相当于告知债权人耐心等下去，直至公司清算结束后，方可以对无法得到清偿的债权实施救济。在这一过程中，即使明知清

算义务人怠于履行义务、拖延清算进程、恶意处置财产，也因为损害结果不能确定而无法获得司法支持。

作为公司债权人，为尽可能预防和减少损失，应在发现清算义务人出现前述危及债权实现的行为时，及时请求司法介入，由法院主持清算活动。

附录

最高人民法院关于适用《中华人民共和国公司法》若干问题的规定（一）（2014 年修正）

（2006 年 3 月 27 日最高人民法院审判委员会第 1382 次会议通过 根据 2014 年 2 月 17 日最高人民法院审判委员会第 1607 次会议《关于修改关于适用〈中华人民共和国公司法〉若干问题的规定的决定》修正）

为正确适用 2005 年 10 月 27 日十届全国人大常委会第十八次会议修订的《中华人民共和国公司法》，对人民法院在审理相关的民事纠纷案件中，具体适用公司法的有关问题规定如下：

第一条 公司法实施后，人民法院尚未审结的和新受理的民事案件，其民事行为或事件发生在公司法实施以前的，适用当时的法律法规和司法解释。

第二条 因公司法实施前有关民事行为或者事件发生纠纷起诉到人民法院的，如当时的法律法规和司法解释没有明确规定时，可参照适用公司法的有关规定。

第三条 原告以公司法第二十二条第二款、第七十四条第二款规定事由，向人民法院提起诉讼时，超过公司法规定期限的，人民法院不予受理。

第四条 公司法第一百五十一条规定的一百八十日以上连续持股期间，应为股东向人民法院提起诉讼时，已期满的持股时间；规定的合计持有公司百分之一以上股份，是指两个以上股东持股份额的合计。

第五条 人民法院对公司法实施前已经终审的案件依法进行再审时，不适用公司法的规定。

第六条 本规定自公布之日起实施。

最高人民法院关于适用《中华人民共和国公司法》若干问题的规定（二）

（2008 年 5 月 5 日最高人民法院审判委员会第 1447 次会议通过，根据 2014 年 2 月 17 日最高人民法院审判委员会第 1607 次会议《关于修改关于适用〈中华人民共和国公司法〉若干问题的规定的决定》第一次修正，根据 2020 年 12 月 23 日最高人民法院审判委员会第 1823 次会议通过的《最高人民法院关于修改〈最高人民法院关于破产企业国有划拨土地使用权应否列入破产财产等问题的批复〉等二十九件商事类司法解释的决定》第二次修正）

为正确适用《中华人民共和国公司法》，结合审判实践，就人民法院审理公司解散和清算案件适用法律问题作出如下规定。

第一条 单独或者合计持有公司全部股东表决权百分之十以上的股东，以下列事由之一提起解散公司诉讼，并符合公司法第一百八十二条规定的，人民法院应予受理：

（一）公司持续两年以上无法召开股东会或者股东大会，公司经营管理发生严重困难的；

（二）股东表决时无法达到法定或者公司章程规定的比例，持续两年以上不能做出有效的股东会或者股东大会决议，公司经营管理发生严重困难的；

（三）公司董事长期冲突，且无法通过股东会或者股东大会解决，公司经营管理发生严重困难的；

（四）经营管理发生其他严重困难，公司继续存续会使股东利益受到重大损失的情形。

股东以知情权、利润分配请求权等权益受到损害，或者公司亏损、财产不足以偿还全部债务，以及公司被吊销企业法人营业执照未进行清算等为由，提起解散公司诉讼的，人民法院不予受理。

第二条 股东提起解散公司诉讼，同时又申请人民法院对公司进行清算的，人民法院对其提出的清算申请不予受理。人民法院可以告知原告，在人民法院判决解散公司后，依据民法典第七十条、公司法第一百八十三条和本规定第七条的规定，自行组织清算或者另行申请人民法院对公司进行清算。

第三条 股东提起解散公司诉讼时，向人民法院申请财产保全或者证据保全的，在股东提供担保且不影响公司正常经营的情形下，人民法院可予以保全。

第四条 股东提起解散公司诉讼应当以公司为被告。

原告以其他股东为被告一并提起诉讼的，人民法院应当告知原告将其他股东变更为第三人；原告坚持不予变更的，人民法院应当驳回原告对其他股东的起诉。

原告提起解散公司诉讼应当告知其他股东，或者由人民法院通知其参加诉讼。其他股东或者有关利害关系人申请以共同原告或者第三人身份参加诉讼的，人民法院应予准许。

第五条 人民法院审理解散公司诉讼案件，应当注重调解。当事人协商同意由公司或者股东收购股份，或者以减资等方式使公司存续，且不违反法律、行政法规强制性规定的，人民法院应予支持。当事人不能协商一致使公司存续的，人民法院应当及时判决。

经人民法院调解公司收购原告股份的，公司应当自调解书生效之日起六个月内将股份转让或者注销。股份转让或者注销之前，原告不得以公司收购其股份为由对抗公司债权人。

第六条 人民法院关于解散公司诉讼作出的判决，对公司全体股东具有法律约束力。

人民法院判决驳回解散公司诉讼请求后，提起该诉讼的股东或者其他股东又以同一事实和理由提起解散公司诉讼的，人民法院不予受理。

第七条 公司应当依照民法典第七十条、公司法第一百八十三条的规定，在解散事由出现之日起十五日内成立清算组，开始自行清算。

有下列情形之一，债权人、公司股东、董事或其他利害关系人申请人民法院指定清算组进行清算的，人民法院应予受理：

（一）公司解散逾期不成立清算组进行清算的；

（二）虽然成立清算组但故意拖延清算的；

（三）违法清算可能严重损害债权人或者股东利益的。

第八条 人民法院受理公司清算案件，应当及时指定有关人员组成清算组。

清算组成员可以从下列人员或者机构中产生：

（一）公司股东、董事、监事、高级管理人员；

（二）依法设立的律师事务所、会计师事务所、破产清算事务所等社会中介

机构;

（三）依法设立的律师事务所、会计师事务所、破产清算事务所等社会中介机构中具备相关专业知识并取得执业资格的人员。

第九条 人民法院指定的清算组成员有下列情形之一的，人民法院可以根据债权人、公司股东、董事或其他利害关系人的申请，或者依职权更换清算组成员：

（一）有违反法律或者行政法规的行为；

（二）丧失执业能力或者民事行为能力；

（三）有严重损害公司或者债权人利益的行为。

第十条 公司依法清算结束并办理注销登记前，有关公司的民事诉讼，应当以公司的名义进行。

公司成立清算组的，由清算组负责人代表公司参加诉讼；尚未成立清算组的，由原法定代表人代表公司参加诉讼。

第十一条 公司清算时，清算组应当按照公司法第一百八十五条的规定，将公司解散清算事宜书面通知全体已知债权人，并根据公司规模和营业地域范围在全国或者公司注册登记地省级有影响的报纸上进行公告。

清算组未按照前款规定履行通知和公告义务，导致债权人未及时申报债权而未获清偿，债权人主张清算组成员对因此造成的损失承担赔偿责任的，人民法院应依法予以支持。

第十二条 公司清算时，债权人对清算组核定的债权有异议的，可以要求清算组重新核定。清算组不予重新核定，或者债权人对重新核定的债权仍有异议，债权人以公司为被告向人民法院提起诉讼请求确认的，人民法院应予受理。

第十三条 债权人在规定的期限内未申报债权，在公司清算程序终结前补充申报的，清算组应予登记。

公司清算程序终结，是指清算报告经股东会、股东大会或者人民法院确认完毕。

第十四条 债权人补充申报的债权，可以在公司尚未分配财产中依法清偿。公司尚未分配财产不能全额清偿，债权人主张股东以其在剩余财产分配中已经取得的财产予以清偿的，人民法院应予支持；但债权人因重大过错未在规定期限内申报债权的除外。

债权人或者清算组，以公司尚未分配财产和股东在剩余财产分配中已经取得的财产，不能全额清偿补充申报的债权为由，向人民法院提出破产清算申请的，人民法院不予受理。

第十五条 公司自行清算的,清算方案应当报股东会或者股东大会决议确认;人民法院组织清算的,清算方案应当报人民法院确认。未经确认的清算方案,清算组不得执行。

执行未经确认的清算方案给公司或者债权人造成损失,公司、股东、董事、公司其他利害关系人或者债权人主张清算组成员承担赔偿责任的,人民法院应依法予以支持。

第十六条 人民法院组织清算的,清算组应当自成立之日起六个月内清算完毕。

因特殊情况无法在六个月内完成清算的,清算组应当向人民法院申请延长。

第十七条 人民法院指定的清算组在清理公司财产、编制资产负债表和财产清单时,发现公司财产不足清偿债务的,可以与债权人协商制作有关债务清偿方案。

债务清偿方案经全体债权人确认且不损害其他利害关系人利益的,人民法院可依清算组的申请裁定予以认可。清算组依据该清偿方案清偿债务后,应当向人民法院申请裁定终结清算程序。

债权人对债务清偿方案不予确认或者人民法院不予认可的,清算组应当依法向人民法院申请宣告破产。

第十八条 有限责任公司的股东、股份有限公司的董事和控股股东未在法定期限内成立清算组开始清算,导致公司财产贬值、流失、毁损或者灭失,债权人主张其在造成损失范围内对公司债务承担赔偿责任的,人民法院应依法予以支持。

有限责任公司的股东、股份有限公司的董事和控股股东因怠于履行义务,导致公司主要财产、账册、重要文件等灭失,无法进行清算,债权人主张其对公司债务承担连带清偿责任的,人民法院应依法予以支持。

上述情形系实际控制人原因造成,债权人主张实际控制人对公司债务承担相应民事责任的,人民法院应依法予以支持。

第十九条 有限责任公司的股东、股份有限公司的董事和控股股东,以及公司的实际控制人在公司解散后,恶意处置公司财产给债权人造成损失,或者未经依法清算,以虚假的清算报告骗取公司登记机关办理法人注销登记,债权人主张其对公司债务承担相应赔偿责任的,人民法院应依法予以支持。

第二十条 公司解散应当在依法清算完毕后,申请办理注销登记。公司未经清算即办理注销登记，导致公司无法进行清算，债权人主张有限责任公司的股东、股份有限公司的董事和控股股东，以及公司的实际控制人对公司债务承担清偿责任的，人民法院应依法予以支持。

公司未经依法清算即办理注销登记，股东或者第三人在公司登记机关办理注销登记时承诺对公司债务承担责任，债权人主张其对公司债务承担相应民事责任的，人民法院应依法予以支持。

第二十一条　按照本规定第十八条和第二十条第一款的规定应当承担责任的有限责任公司的股东、股份有限公司的董事和控股股东，以及公司的实际控制人为二人以上的，其中一人或者数人依法承担民事责任后，主张其他人员按照过错大小分担责任的，人民法院应依法予以支持。

第二十二条　公司解散时，股东尚未缴纳的出资均应作为清算财产。股东尚未缴纳的出资，包括到期应缴未缴的出资，以及依照公司法第二十六条和第八十条的规定分期缴纳尚未届满缴纳期限的出资。

公司财产不足以清偿债务时，债权人主张未缴出资股东，以及公司设立时的其他股东或者发起人在未缴出资范围内对公司债务承担连带清偿责任的，人民法院应依法予以支持。

第二十三条　清算组成员从事清算事务时，违反法律、行政法规或者公司章程给公司或者债权人造成损失，公司或者债权人主张其承担赔偿责任的，人民法院应依法予以支持。

有限责任公司的股东、股份有限公司连续一百八十日以上单独或者合计持有公司百分之一以上股份的股东，依据公司法第一百五十一条第三款的规定，以清算组成员有前款所述行为为由向人民法院提起诉讼的，人民法院应予受理。

公司已经清算完毕注销，上述股东参照公司法第一百五十一条第三款的规定，直接以清算组成员为被告、其他股东为第三人向人民法院提起诉讼的，人民法院应予受理。

第二十四条　解散公司诉讼案件和公司清算案件由公司住所地人民法院管辖。公司住所地是指公司主要办事机构所在地。公司办事机构所在地不明确的，由其注册地人民法院管辖。

基层人民法院管辖县、县级市或者区的公司登记机关核准登记公司的解散诉讼案件和公司清算案件；中级人民法院管辖地区、地级市以上的公司登记机关核准登记公司的解散诉讼案件和公司清算案件。

最高人民法院关于适用《中华人民共和国公司法》若干问题的规定（三）

（2010 年 12 月 6 日最高人民法院审判委员会第 1504 次会议通过，根据 2014 年 2 月 17 日最高人民法院审判委员会第 1607 次会议《关于修改关于适用〈中华人民共和国公司法〉若干问题的规定的决定》第一次修正，根据 2020 年 12 月 23 日最高人民法院审判委员会第 1823 次会议通过的《最高人民法院关于修改〈最高人民法院关于破产企业国有划拨土地使用权应否列入破产财产等问题的批复〉等二十九件商事类司法解释的决定》第二次修正）

为正确适用《中华人民共和国公司法》，结合审判实践，就人民法院审理公司设立、出资、股权确认等纠纷案件适用法律问题作出如下规定。

第一条　为设立公司而签署公司章程、向公司认购出资或者股份并履行公司设立职责的人，应当认定为公司的发起人，包括有限责任公司设立时的股东。

第二条　发起人为设立公司以自己名义对外签订合同，合同相对人请求该发起人承担合同责任的，人民法院应予支持；公司成立后合同相对人请求公司承担合同责任的，人民法院应予支持。

第三条　发起人以设立中公司名义对外签订合同，公司成立后合同相对人请求公司承担合同责任的，人民法院应予支持。

公司成立后有证据证明发起人利用设立中公司的名义为自己的利益与相对人签订合同，公司以此为由主张不承担合同责任的，人民法院应予支持，但相对人为善意的除外。

第四条　公司因故未成立，债权人请求全体或者部分发起人对设立公司行为所产生的费用和债务承担连带清偿责任的，人民法院应予支持。

部分发起人依照前款规定承担责任后，请求其他发起人分担的，人民法院应当判令其他发起人按照约定的责任承担比例分担责任；没有约定责任承担比例的，按照约定的出资比例分担责任；没有约定出资比例的，按照均等份额分担责任。

因部分发起人的过错导致公司未成立，其他发起人主张其承担设立行为所产生的费用和债务的，人民法院应当根据过错情况，确定过错一方的责任范围。

第五条 发起人因履行公司设立职责造成他人损害，公司成立后受害人请求公司承担侵权赔偿责任的，人民法院应予支持；公司未成立，受害人请求全体发起人承担连带赔偿责任的，人民法院应予支持。

公司或者无过错的发起人承担赔偿责任后，可以向有过错的发起人追偿。

第六条 股份有限公司的认股人未按期缴纳所认股份的股款，经公司发起人催缴后在合理期间内仍未缴纳，公司发起人对该股份另行募集的，人民法院应当认定该募集行为有效。认股人延期缴纳股款给公司造成损失，公司请求该认股人承担赔偿责任的，人民法院应予支持。

第七条 出资人以不享有处分权的财产出资，当事人之间对于出资行为效力产生争议的，人民法院可以参照民法典第三百一十一条的规定予以认定。

以贪污、受贿、侵占、挪用等违法犯罪所得的货币出资后取得股权的，对违法犯罪行为予以追究、处罚时，应当采取拍卖或者变卖的方式处置其股权。

第八条 出资人以划拨土地使用权出资，或者以设定权利负担的土地使用权出资，公司、其他股东或者公司债权人主张认定出资人未履行出资义务的，人民法院应当责令当事人在指定的合理期间内办理土地变更手续或者解除权利负担；逾期未办理或者未解除的，人民法院应当认定出资人未依法全面履行出资义务。

第九条 出资人以非货币财产出资，未依法评估作价，公司、其他股东或者公司债权人请求认定出资人未履行出资义务的，人民法院应当委托具有合法资格的评估机构对该财产评估作价。评估确定的价额显著低于公司章程所定价额的，人民法院应当认定出资人未依法全面履行出资义务。

第十条 出资人以房屋、土地使用权或者需要办理权属登记的知识产权等财产出资，已经交付公司使用但未办理权属变更手续，公司、其他股东或者公司债权人主张认定出资人未履行出资义务的，人民法院应当责令当事人在指定的合理期间内办理权属变更手续；在前述期间内办理了权属变更手续的，人民法院应当认定其已经履行了出资义务；出资人主张自其实际交付财产给公司使用时享有相应股东权利的，人民法院应予支持。

出资人以前款规定的财产出资，已经办理权属变更手续但未交付给公司使用，公司或者其他股东主张其向公司交付、并在实际交付之前不享有相应股东权利的，人民法院应予支持。

第十一条 出资人以其他公司股权出资，符合下列条件的，人民法院应当认定出资人已履行出资义务：

（一）出资的股权由出资人合法持有并依法可以转让；

（二）出资的股权无权利瑕疵或者权利负担；

（三）出资人已履行关于股权转让的法定手续；

（四）出资的股权已依法进行了价值评估。

股权出资不符合前款第（一）、（二）、（三）项的规定，公司、其他股东或者公司债权人请求认定出资人未履行出资义务的，人民法院应当责令该出资人在指定的合理期间内采取补正措施，以符合上述条件；逾期未补正的，人民法院应当认定其未依法全面履行出资义务。

股权出资不符合本条第一款第（四）项的规定，公司、其他股东或者公司债权人请求认定出资人未履行出资义务的，人民法院应当按照本规定第九条的规定处理。

第十二条　公司成立后，公司、股东或者公司债权人以相关股东的行为符合下列情形之一且损害公司权益为由，请求认定该股东抽逃出资的，人民法院应予支持：

（一）制作虚假财务会计报表虚增利润进行分配；

（二）通过虚构债权债务关系将其出资转出；

（三）利用关联交易将出资转出；

（四）其他未经法定程序将出资抽回的行为。

第十三条　股东未履行或者未全面履行出资义务，公司或者其他股东请求其向公司依法全面履行出资义务的，人民法院应予支持。

公司债权人请求未履行或者未全面履行出资义务的股东在未出资本息范围内对公司债务不能清偿的部分承担补充赔偿责任的，人民法院应予支持；未履行或者未全面履行出资义务的股东已经承担上述责任，其他债权人提出相同请求的，人民法院不予支持。

股东在公司设立时未履行或者未全面履行出资义务，依照本条第一款或者第二款提起诉讼的原告，请求公司的发起人与被告股东承担连带责任的，人民法院应予支持；公司的发起人承担责任后，可以向被告股东追偿。

股东在公司增资时未履行或者未全面履行出资义务，依照本条第一款或者第二款提起诉讼的原告，请求未尽公司法第一百四十七条第一款规定的义务而使出资未缴足的董事、高级管理人员承担相应责任的，人民法院应予支持；董事、高级管理人员承担责任后，可以向被告股东追偿。

第十四条　股东抽逃出资，公司或者其他股东请求其向公司返还出资本息、协助抽逃出资的其他股东、董事、高级管理人员或者实际控制人对此承担连带责任的,人民法院应予支持。

公司债权人请求抽逃出资的股东在抽逃出资本息范围内对公司债务不能清偿的部分承担补充赔偿责任、协助抽逃出资的其他股东、董事、高级管理人员或者实际控制人对此承担连带责任的,人民法院应予支持;抽逃出资的股东已经承担上述责任,其他债权人提出相同请求的,人民法院不予支持。

第十五条 出资人以符合法定条件的非货币财产出资后,因市场变化或者其他客观因素导致出资财产贬值,公司、其他股东或者公司债权人请求该出资人承担补足出资责任的,人民法院不予支持。但是,当事人另有约定的除外。

第十六条 股东未履行或者未全面履行出资义务或者抽逃出资,公司根据公司章程或者股东会决议对其利润分配请求权、新股优先认购权、剩余财产分配请求权等股东权利作出相应的合理限制,该股东请求认定该限制无效的,人民法院不予支持。

第十七条 有限责任公司的股东未履行出资义务或者抽逃全部出资,经公司催告缴纳或者返还,其在合理期间内仍未缴纳或者返还出资,公司以股东会决议解除该股东的股东资格,该股东请求确认该解除行为无效的,人民法院不予支持。

在前款规定的情形下,人民法院在判决时应当释明,公司应当及时办理法定减资程序或者由其他股东或者第三人缴纳相应的出资。在办理法定减资程序或者其他股东或者第三人缴纳相应的出资之前,公司债权人依照本规定第十三条或者第十四条请求相关当事人承担相应责任的,人民法院应予支持。

第十八条 有限责任公司的股东未履行或者未全面履行出资义务即转让股权,受让人对此知道或者应当知道,公司请求该股东履行出资义务、受让人对此承担连带责任的,人民法院应予支持;公司债权人依照本规定第十三条第二款向该股东提起诉讼,同时请求前述受让人对此承担连带责任的,人民法院应予支持。

受让人根据前款规定承担责任后,向该未履行或者未全面履行出资义务的股东追偿的,人民法院应予支持。但是,当事人另有约定的除外。

第十九条 公司股东未履行或者未全面履行出资义务或者抽逃出资,公司或者其他股东请求其向公司全面履行出资义务或者返还出资,被告股东以诉讼时效为由进行抗辩的,人民法院不予支持。

公司债权人的债权未过诉讼时效期间,其依照本规定第十三条第二款、第十四条第二款的规定请求未履行或者未全面履行出资义务或者抽逃出资的股东承担赔偿责任，被告股东以出资义务或者返还出资义务超过诉讼时效期间为由进行抗辩的，人民法院不予支持。

第二十条 当事人之间对是否已履行出资义务发生争议，原告提供对股东履行出资义务产生合理怀疑证据的，被告股东应当就其已履行出资义务承担举证责任。

第二十一条 当事人向人民法院起诉请求确认其股东资格的，应当以公司为被告，与案件争议股权有利害关系的人作为第三人参加诉讼。

第二十二条 当事人之间对股权归属发生争议，一方请求人民法院确认其享有股权的，应当证明以下事实之一：

（一）已经依法向公司出资或者认缴出资，且不违反法律法规强制性规定；

（二）已经受让或者以其他形式继受公司股权，且不违反法律法规强制性规定。

第二十三条 当事人依法履行出资义务或者依法继受取得股权后，公司未根据公司法第三十一条、第三十二条的规定签发出资证明书、记载于股东名册并办理公司登记机关登记，当事人请求公司履行上述义务的，人民法院应予支持。

第二十四条 有限责任公司的实际出资人与名义出资人订立合同，约定由实际出资人出资并享有投资权益，以名义出资人为名义股东，实际出资人与名义股东对该合同效力发生争议的，如无法律规定的无效情形，人民法院应当认定该合同有效。前款规定的实际出资人与名义股东因投资权益的归属发生争议，实际出资人以其实际履行了出资义务为由向名义股东主张权利的，人民法院应予支持。名义股东以公司股东名册记载、公司登记机关登记为由否认实际出资人权利的，人民法院不予支持。

实际出资人未经公司其他股东半数以上同意，请求公司变更股东、签发出资证明书、记载于股东名册、记载于公司章程并办理公司登记机关登记的，人民法院不予支持。

第二十五条 名义股东将登记于其名下的股权转让、质押或者以其他方式处分，实际出资人以其对于股权享有实际权利为由，请求认定处分股权行为无效的，人民法院可以参照民法典第三百一十一条的规定处理。

名义股东处分股权造成实际出资人损失，实际出资人请求名义股东承担赔偿责任的，人民法院应予支持。

第二十六条 公司债权人以登记于公司登记机关的股东未履行出资义务为

由，请求其对公司债务不能清偿的部分在未出资本息范围内承担补充赔偿责任，股东以其仅为名义股东而非实际出资人为由进行抗辩的，人民法院不予支持。

名义股东根据前款规定承担赔偿责任后，向实际出资人追偿的，人民法院应予支持。

第二十七条　股权转让后尚未向公司登记机关办理变更登记，原股东将仍登记于其名下的股权转让、质押或者以其他方式处分，受让股东以其对于股权享有实际权利为由，请求认定处分股权行为无效的，人民法院可以参照民法典第三百一十一条的规定处理。

原股东处分股权造成受让股东损失，受让股东请求原股东承担赔偿责任、对于未及时办理变更登记有过错的董事、高级管理人员或者实际控制人承担相应责任的，人民法院应予支持；受让股东对于未及时办理变更登记也有过错的，可以适当减轻上述董事、高级管理人员或者实际控制人的责任。

第二十八条　冒用他人名义出资并将该他人作为股东在公司登记机关登记的，冒名登记行为人应当承担相应责任；公司、其他股东或者公司债权人以未履行出资义务为由，请求被冒名登记为股东的承担补足出资责任或者对公司债务不能清偿部分的赔偿责任的，人民法院不予支持。

最高人民法院关于适用《中华人民共和国公司法》若干问题的规定（四）

（2016 年 12 月 5 日最高人民法院审判委员会第 1702 次会议通过，根据 2020 年 12 月 23 日最高人民法院审判委员会第 1823 次会议通过的《最高人民法院关于修改〈最高人民法院关于破产企业国有划拨土地使用权应否列入破产财产等问题的批复〉等二十九件商事类司法解释的决定》修正）

为正确适用《中华人民共和国公司法》，结合人民法院审判实践，现就公司决议效力、股东知情权、利润分配权、优先购买权和股东代表诉讼等案件适用法律问题作出如下规定。

第一条　公司股东、董事、监事等请求确认股东会或者股东大会、董事会决议无效或者不成立的，人民法院应当依法予以受理。

第二条　依据民法典第八十五条、公司法第二十二条第二款请求撤销股东会或者股东大会、董事会决议的原告，应当在起诉时具有公司股东资格。

第三条　原告请求确认股东会或者股东大会、董事会决议不成立、无效或者撤销决议的案件，应当列公司为被告。对决议涉及的其他利害关系人，可以依法列为第三人。

一审法庭辩论终结前，其他有原告资格的人以相同的诉讼请求申请参加前款规定诉讼的，可以列为共同原告。

第四条　股东请求撤销股东会或者股东大会、董事会决议，符合民法典第八十五条、公司法第二十二条第二款规定的，人民法院应当予以支持，但会议召集程序或者表决方式仅有轻微瑕疵，且对决议未产生实质影响的，人民法院不予支持。

第五条　股东会或者股东大会、董事会决议存在下列情形之一，当事人主张决议不成立的，人民法院应当予以支持：

（一）公司未召开会议的，但依据公司法第三十七条第二款或者公司章程规定可以不召开股东会或者股东大会而直接作出决定，并由全体股东在决定文件上签名、盖章的除外；

（二）会议未对决议事项进行表决的；

（三）出席会议的人数或者股东所持表决权不符合公司法或者公司章程规定的；

（四）会议的表决结果未达到公司法或者公司章程规定的通过比例的；

（五）导致决议不成立的其他情形。

第六条　股东会或者股东大会、董事会决议被人民法院判决确认无效或者撤销的，公司依据该决议与善意相对人形成的民事法律关系不受影响。

第七条　股东依据公司法第三十三条、第九十七条或者公司章程的规定，起诉请求查阅或者复制公司特定文件材料的，人民法院应当依法予以受理。

公司有证据证明前款规定的原告在起诉时不具有公司股东资格的，人民法院应当驳回起诉，但原告有初步证据证明在持股期间其合法权益受到损害，请求依法查阅或者复制其持股期间的公司特定文件材料的除外。

第八条　有限责任公司有证据证明股东存在下列情形之一的，人民法院应当认定股东有公司法第三十三条第二款规定的"不正当目的"：

（一）股东自营或者为他人经营与公司主营业务有实质性竞争关系业务的，但公司章程另有规定或者全体股东另有约定的除外；

（二）股东为了向他人通报有关信息查阅公司会计账簿，可能损害公司合法利益的；

（三）股东在向公司提出查阅请求之日前的三年内，曾通过查阅公司会计账簿，向他人通报有关信息损害公司合法利益的；

（四）股东有不正当目的的其他情形。

第九条　公司章程、股东之间的协议等实质性剥夺股东依据公司法第三十三条、第九十七条规定查阅或者复制公司文件材料的权利，公司以此为由拒绝股东查阅或者复制的，人民法院不予支持。

第十条　人民法院审理股东请求查阅或者复制公司特定文件材料的案件，对原告诉讼请求予以支持的，应当在判决中明确查阅或者复制公司特定文件材料的时间、地点和特定文件材料的名录。

股东依据人民法院生效判决查阅公司文件材料的，在该股东在场的情况下，可以由会计师、律师等依法或者依据执业行为规范负有保密义务的中介机构执业人员辅助进行。

第十一条　股东行使知情权后泄露公司商业秘密导致公司合法利益受到损害，公司请求该股东赔偿相关损失的，人民法院应当予以支持。

根据本规定第十条辅助股东查阅公司文件材料的会计师、律师等泄露公司商业秘密导致公司合法利益受到损害，公司请求其赔偿相关损失的，人民法院应当予以支持。

第十二条 公司董事、高级管理人员等未依法履行职责，导致公司未依法制作或者保存公司法第三十三条、第九十七条规定的公司文件材料，给股东造成损失，股东依法请求负有相应责任的公司董事、高级管理人员承担民事赔偿责任的，人民法院应当予以支持。

第十三条 股东请求公司分配利润案件，应当列公司为被告。

一审法庭辩论终结前，其他股东基于同一分配方案请求分配利润并申请参加诉讼的，应当列为共同原告。

第十四条 股东提交载明具体分配方案的股东会或者股东大会的有效决议，请求公司分配利润，公司拒绝分配利润且其关于无法执行决议的抗辩理由不成立的，人民法院应当判决公司按照决议载明的具体分配方案向股东分配利润。

第十五条 股东未提交载明具体分配方案的股东会或者股东大会决议，请求公司分配利润的，人民法院应当驳回其诉讼请求，但违反法律规定滥用股东权利导致公司不分配利润，给其他股东造成损失的除外。

第十六条 有限责任公司的自然人股东因继承发生变化时，其他股东主张依据公司法第七十一条第三款规定行使优先购买权的，人民法院不予支持，但公司章程另有规定或者全体股东另有约定的除外。

第十七条 有限责任公司的股东向股东以外的人转让股权，应就其股权转让事项以书面或者其他能够确认收悉的合理方式通知其他股东征求同意。其他股东半数以上不同意转让，不同意的股东不购买的，人民法院应当认定视为同意转让。

经股东同意转让的股权，其他股东主张转让股东应当向其以书面或者其他能够确认收悉的合理方式通知转让股权的同等条件的，人民法院应当予以支持。

经股东同意转让的股权，在同等条件下，转让股东以外的其他股东主张优先购买的，人民法院应当予以支持，但转让股东依据本规定第二十条放弃转让的除外。

第十八条 人民法院在判断是否符合公司法第七十一条第三款及本规定所称的"同等条件"时，应当考虑转让股权的数量、价格、支付方式及期限等因素。

第十九条 有限责任公司的股东主张优先购买转让股权的，应当在收到通知后，在公司章程规定的行使期间内提出购买请求。公司章程没有规定行使期间或者规定不明确的，以通知确定的期间为准，通知确定的期间短于三十日或者未明确行使期间的，行使期间为三十日。

第二十条 有限责任公司的转让股东，在其他股东主张优先购买后又不同意转让股权的，对其他股东优先购买的主张，人民法院不予支持，但公司章程另有规定或者全体股东另有约定的除外。其他股东主张转让股东赔偿其损失合理的，人民法院应当予以支持。

第二十一条 有限责任公司的股东向股东以外的人转让股权，未就其股权转让事项征求其他股东意见，或者以欺诈、恶意串通等手段，损害其他股东优先购买权，其他股东主张按照同等条件购买该转让股权的，人民法院应当予以支持，但其他股东自知道或者应当知道行使优先购买权的同等条件之日起三十日内没有主张，或者自股权变更登记之日起超过一年的除外。

前款规定的其他股东仅提出确认股权转让合同及股权变动效力等请求，未同时主张按照同等条件购买转让股权的，人民法院不予支持，但其他股东非因自身原因导致无法行使优先购买权，请求损害赔偿的除外。

股东以外的股权受让人，因股东行使优先购买权而不能实现合同目的的，可以依法请求转让股东承担相应民事责任。

第二十二条 通过拍卖向股东以外的人转让有限责任公司股权的，适用公司法第七十一条第二款、第三款或者第七十二条规定的"书面通知""通知""同等条件"时，根据相关法律、司法解释确定。

在依法设立的产权交易场所转让有限责任公司国有股权的，适用公司法第七十一条第二款、第三款或者第七十二条规定的"书面通知""通知""同等条件"时，可以参照产权交易场所的交易规则。

第二十三条 监事会或者不设监事会的有限责任公司的监事依据公司法第一百五十一条第一款规定对董事、高级管理人员提起诉讼的，应当列公司为原告，依法由监事会主席或者不设监事会的有限责任公司的监事代表公司进行诉讼。

董事会或者不设董事会的有限责任公司的执行董事依据公司法第一百五十一条第一款规定对监事提起诉讼的，或者依据公司法第一百五十一条第三款规定对他人提起诉讼的，应当列公司为原告，依法由董事长或者执行董事代表公司进行诉讼。

第二十四条 符合公司法第一百五十一条第一款规定条件的股东，依据公司法第一百五十一条第二款、第三款规定，直接对董事、监事、高级管理人员或者他人提起诉讼的，应当列公司为第三人参加诉讼。

一审法庭辩论终结前，符合公司法第一百五十一条第一款规定条件的其他股东，以相同的诉讼请求申请参加诉讼的，应当列为共同原告。

第二十五条 股东依据公司法第一百五十一条第二款、第三款规定直接提起诉讼的案件，胜诉利益归属于公司。股东请求被告直接向其承担民事责任的，人民法院不予支持。

第二十六条 股东依据公司法第一百五十一条第二款、第三款规定直接提起诉讼的案件，其诉讼请求部分或者全部得到人民法院支持的，公司应当承担股东因参加诉讼支付的合理费用。

第二十七条 本规定自 2017 年 9 月 1 日起施行。

本规定施行后尚未终审的案件，适用本规定；本规定施行前已经终审的案件，或者适用审判监督程序再审的案件，不适用本规定。

最高人民法院关于适用《中华人民共和国公司法》若干问题的规定（五）

（2019 年 4 月 22 日最高人民法院审判委员会第 1766 次会议审议通过，根据 2020 年 12 月 23 日最高人民法院审判委员会第 1823 次会议通过的《最高人民法院关于修改〈最高人民法院关于破产企业国有划拨土地使用权应否列入破产财产等问题的批复〉等二十九件商事类司法解释的决定》修正）

为正确适用《中华人民共和国公司法》，结合人民法院审判实践，就股东权益保护等纠纷案件适用法律问题作出如下规定。

第一条 关联交易损害公司利益，原告公司依据民法典第八十四条、公司法第二十一条规定请求控股股东、实际控制人、董事、监事、高级管理人员赔偿所造成的损失，被告仅以该交易已经履行了信息披露、经股东会或者股东大会同意等法律、行政法规或者公司章程规定的程序为由抗辩的，人民法院不予支持。

公司没有提起诉讼的，符合公司法第一百五十一条第一款规定条件的股东，可以依据公司法第一百五十一条第二款、第三款规定向人民法院提起诉讼。

第二条 关联交易合同存在无效、可撤销或者对公司不发生效力的情形，公司没有起诉合同相对方的，符合公司法第一百五十一条第一款规定条件的股东，可以依据公司法第一百五十一条第二款、第三款规定向人民法院提起诉讼。

第三条 董事任期届满前被股东会或者股东大会有效决议解除职务，其主张解除不发生法律效力的，人民法院不予支持。

董事职务被解除后，因补偿与公司发生纠纷提起诉讼的，人民法院应当依据法律、行政法规、公司章程的规定或者合同的约定，综合考虑解除的原因、剩余任期、董事薪酬等因素，确定是否补偿以及补偿的合理数额。

第四条 分配利润的股东会或者股东大会决议作出后，公司应当在决议载明的时间内完成利润分配。决议没有载明时间的，以公司章程规定的为准。决议、章程中均未规定时间或者时间超过一年的，公司应当自决议作出之日起一年内完成利润分配。

决议中载明的利润分配完成时间超过公司章程规定时间的，股东可以依据民法典第八十五条、公司法第二十二条第二款规定请求人民法院撤销决议中关于该时间的规定。

第五条 人民法院审理涉及有限责任公司股东重大分歧案件时，应当注重调解。当事人协商一致以下列方式解决分歧，且不违反法律、行政法规的强制性规定的，人民法院应予支持：

（一）公司回购部分股东股份；

（二）其他股东受让部分股东股份；

（三）他人受让部分股东股份；

（四）公司减资；

（五）公司分立；

（六）其他能够解决分歧，恢复公司正常经营，避免公司解散的方式。

第六条 本规定自 2019 年 4 月 29 日起施行。

本规定施行后尚未终审的案件，适用本规定；本规定施行前已经终审的案件，或者适用审判监督程序再审的案件，不适用本规定。

本院以前发布的司法解释与本规定不一致的，以本规定为准。

中华人民共和国公司法（2018 年修正）

（1993 年 12 月 29 日第八届全国人民代表大会常务委员会第五次会议通过，根据 1999 年 12 月 25 日第九届全国人民代表大会常务委员会第十三次会议《关于修改〈中华人民共和国公司法〉的决定》第一次修正，根据 2004 年 8 月 28 日第十届全国人民代表大会常务委员会第十一次会议《关于修改〈中华人民共和国公司法〉的决定》第二次修正，2005 年 10 月 27 日第十届全国人民代表大会常务委员会第十八次会议修订，根据 2013 年 12 月 28 日第十二届全国人民代表大会常务委员会第六次会议《关于修改〈中华人民共和国海洋环境保护法〉等七部法律的决定》第三次修正，根据 2018 年 10 月 26 日第十三届全国人民代表大会常务委员会第六次会议《关于修改〈中华人民共和国公司法〉的决定》第四次修正）

目录

第一章　总　则

第一条　为了规范公司的组织和行为，保护公司、股东和债权人的合法权益，维护社会经济秩序，促进社会主义市场经济的发展，制定本法。

第二条　本法所称公司是指依照本法在中国境内设立的有限责任公司和股份有限公司。

第三条　公司是企业法人，有独立的法人财产，享有法人财产权。公司以其全部财产对公司的债务承担责任。

有限责任公司的股东以其认缴的出资额为限对公司承担责任；股份有限公司的股东以其认购的股份为限对公司承担责任。

第四条　公司股东依法享有资产收益、参与重大决策和选择管理者等权利。

第五条　公司从事经营活动，必须遵守法律、行政法规，遵守社会公德、商业道德，诚实守信，接受政府和社会公众的监督，承担社会责任。

公司的合法权益受法律保护，不受侵犯。

第六条　设立公司，应当依法向公司登记机关申请设立登记。符合本法规定的设立条件的，由公司登记机关分别登记为有限责任公司或者股份有限公司；不符合本法规定的设立条件的，不得登记为有限责任公司或者股份有限公司。

法律、行政法规规定设立公司必须报经批准的，应当在公司登记前依法办理批准手续。

公众可以向公司登记机关申请查询公司登记事项，公司登记机关应当提供查询服务。

第七条　依法设立的公司，由公司登记机关发给公司营业执照。公司营业执照签发日期为公司成立日期。

公司营业执照应当载明公司的名称、住所、注册资本、经营范围、法定代表人姓名等事项。

公司营业执照记载的事项发生变更的，公司应当依法办理变更登记，由公司登记机关换发营业执照。

第八条 依照本法设立的有限责任公司，必须在公司名称中标明有限责任公司或者有限公司字样。

依照本法设立的股份有限公司，必须在公司名称中标明股份有限公司或者股份公司字样。

第九条 有限责任公司变更为股份有限公司，应当符合本法规定的股份有限公司的条件。股份有限公司变更为有限责任公司，应当符合本法规定的有限责任公司的条件。

有限责任公司变更为股份有限公司的，或者股份有限公司变更为有限责任公司的，公司变更前的债权、债务由变更后的公司承继。

第十条 公司以其主要办事机构所在地为住所。

第十一条 设立公司必须依法制定公司章程。公司章程对公司、股东、董事、监事、高级管理人员具有约束力。

第十二条 公司的经营范围由公司章程规定，并依法登记。公司可以修改公司章程，改变经营范围，但是应当办理变更登记。

公司的经营范围中属于法律、行政法规规定须经批准的项目，应当依法经过批准。

第十三条 公司法定代表人依照公司章程的规定，由董事长、执行董事或者经理担任，并依法登记。公司法定代表人变更，应当办理变更登记。

第十四条 公司可以设立分公司。设立分公司，应当向公司登记机关申请登记，领取营业执照。分公司不具有法人资格，其民事责任由公司承担。

公司可以设立子公司，子公司具有法人资格，依法独立承担民事责任。

第十五条 公司可以向其他企业投资；但是，除法律另有规定外，不得成为对所投资企业的债务承担连带责任的出资人。

第十六条 公司向其他企业投资或者为他人提供担保，依照公司章程的规定，由董事会或者股东会、股东大会决议；公司章程对投资或者担保的总额及单项投资或者担保的数额有限额规定的，不得超过规定的限额。

公司为公司股东或者实际控制人提供担保的，必须经股东会或者股东大会决议。

前款规定的股东或者受前款规定的实际控制人支配的股东，不得参加前款规定事项的表决。该项表决由出席会议的其他股东所持表决权的过半数通过。

第十七条　公司必须保护职工的合法权益，依法与职工签订劳动合同，参加社会保险，加强劳动保护，实现安全生产。

公司应当采用多种形式，加强公司职工的职业教育和岗位培训，提高职工素质。

第十八条　公司职工依照《中华人民共和国工会法》组织工会，开展工会活动，维护职工合法权益。公司应当为本公司工会提供必要的活动条件。公司工会代表职工就职工的劳动报酬、工作时间、福利、保险和劳动安全卫生等事项依法与公司签订集体合同。

公司依照宪法和有关法律的规定，通过职工代表大会或者其他形式，实行民主管理。

公司研究决定改制以及经营方面的重大问题、制定重要的规章制度时，应当听取公司工会的意见，并通过职工代表大会或者其他形式听取职工的意见和建议。

第十九条　在公司中，根据中国共产党章程的规定，设立中国共产党的组织，开展党的活动。公司应当为党组织的活动提供必要条件。

第二十条　公司股东应当遵守法律、行政法规和公司章程，依法行使股东权利，不得滥用股东权利损害公司或者其他股东的利益；不得滥用公司法人独立地位和股东有限责任损害公司债权人的利益。

公司股东滥用股东权利给公司或者其他股东造成损失的，应当依法承担赔偿责任。

公司股东滥用公司法人独立地位和股东有限责任，逃避债务，严重损害公司债权人利益的，应当对公司债务承担连带责任。

第二十一条　公司的控股股东、实际控制人、董事、监事、高级管理人员不得利用其关联关系损害公司利益。

违反前款规定，给公司造成损失的，应当承担赔偿责任。

第二十二条　公司股东会或者股东大会、董事会的决议内容违反法律、行政法规的无效。

股东会或者股东大会、董事会的会议召集程序、表决方式违反法律、行政法规或者公司章程，或者决议内容违反公司章程的，股东可以自决议作出之日起六十日内，请求人民法院撤销。

股东依照前款规定提起诉讼的，人民法院可以应公司的请求，要求股东提供相应担保。

公司根据股东会或者股东大会、董事会决议已办理变更登记的，人民法院宣告该决议无效或者撤销该决议后，公司应当向公司登记机关申请撤销变更登记。

第二章　有限责任公司的设立和组织机构

第一节　设　立

第二十三条　设立有限责任公司，应当具备下列条件：

（一）股东符合法定人数；

（二）有符合公司章程规定的全体股东认缴的出资额；

（三）股东共同制定公司章程；

（四）有公司名称，建立符合有限责任公司要求的组织机构；

（五）有公司住所。

第二十四条　有限责任公司由五十个以下股东出资设立。

第二十五条　有限责任公司章程应当载明下列事项：

（一）公司名称和住所；

（二）公司经营范围；

（三）公司注册资本；

（四）股东的姓名或者名称；

（五）股东的出资方式、出资额和出资时间；

（六）公司的机构及其产生办法、职权、议事规则；

（七）公司法定代表人；

（八）股东会会议认为需要规定的其他事项。

股东应当在公司章程上签名、盖章。

第二十六条　有限责任公司的注册资本为在公司登记机关登记的全体股东认缴的出资额。

法律、行政法规以及国务院决定对有限责任公司注册资本实缴、注册资本最低限额另有规定的，从其规定。

第二十七条　股东可以用货币出资，也可以用实物、知识产权、土地使用权等可以用货币估价并可以依法转让的非货币财产作价出资；但是，法律、行政法规规定不得作为出资的财产除外。

对作为出资的非货币财产应当评估作价，核实财产，不得高估或者低估作价。法律、行政法规对评估作价有规定的，从其规定。

第二十八条 股东应当按期足额缴纳公司章程中规定的各自所认缴的出资额。股东以货币出资的，应当将货币出资足额存入有限责任公司在银行开设的账户；以非货币财产出资的，应当依法办理其财产权的转移手续。

股东不按照前款规定缴纳出资的，除应当向公司足额缴纳外，还应当向已按期足额缴纳出资的股东承担违约责任。

第二十九条 股东认足公司章程规定的出资后，由全体股东指定的代表或者共同委托的代理人向公司登记机关报送公司登记申请书、公司章程等文件，申请设立登记。

第三十条 有限责任公司成立后，发现作为设立公司出资的非货币财产的实际价额显著低于公司章程所定价额的，应当由交付该出资的股东补足其差额；公司设立时的其他股东承担连带责任。

第三十一条 有限责任公司成立后，应当向股东签发出资证明书。

出资证明书应当载明下列事项：

（一）公司名称；

（二）公司成立日期；

（三）公司注册资本；

（四）股东的姓名或者名称、缴纳的出资额和出资日期；

（五）出资证明书的编号和核发日期。

出资证明书由公司盖章。

第三十二条 有限责任公司应当置备股东名册，记载下列事项：

（一）股东的姓名或者名称及住所；

（二）股东的出资额；

（三）出资证明书编号。

记载于股东名册的股东，可以依股东名册主张行使股东权利。

公司应当将股东的姓名或者名称向公司登记机关登记；登记事项发生变更的，应当办理变更登记。未经登记或者变更登记的，不得对抗第三人。

第三十三条 股东有权查阅、复制公司章程、股东会会议记录、董事会会议决议、监事会会议决议和财务会计报告。

股东可以要求查阅公司会计账簿。股东要求查阅公司会计账簿的，应当向公司提出书面请求，说明目的。公司有合理根据认为股东查阅会计账簿有不正当目的，可能损害公司合法利益的，可以拒绝提供查阅，并应当自股东提出书面请求之日起十五日内书面答复股东并说明理由。公司拒绝提供查阅的，股东可以请求人民法院要求公司提供查阅。

第三十四条 股东按照实缴的出资比例分取红利；公司新增资本时，股东有权优先按照实缴的出资比例认缴出资。但是，全体股东约定不按照出资比例分取红利或者不按照出资比例优先认缴出资的除外。

第三十五条 公司成立后，股东不得抽逃出资。

第二节　组　织　机　构

第三十六条 有限责任公司股东会由全体股东组成。股东会是公司的权力机构，依照本法行使职权。

第三十七条 股东会行使下列职权：

（一）决定公司的经营方针和投资计划；

（二）选举和更换非由职工代表担任的董事、监事，决定有关董事、监事的报酬事项；

（三）审议批准董事会的报告；

（四）审议批准监事会或者监事的报告；

（五）审议批准公司的年度财务预算方案、决算方案；

（六）审议批准公司的利润分配方案和弥补亏损方案；

（七）对公司增加或者减少注册资本作出决议；

（八）对发行公司债券作出决议；

（九）对公司合并、分立、解散、清算或者变更公司形式作出决议；

（十）修改公司章程；

（十一）公司章程规定的其他职权。

对前款所列事项股东以书面形式一致表示同意的，可以不召开股东会会议，直接作出决定，并由全体股东在决定文件上签名、盖章。

第三十八条 首次股东会会议由出资最多的股东召集和主持，依照本法规定行使职权。

第三十九条 股东会会议分为定期会议和临时会议。

定期会议应当依照公司章程的规定按时召开。代表十分之一以上表决权的股东，三分之一以上的董事，监事会或者不设监事会的公司的监事提议召开临时会议的，应当召开临时会议。

第四十条 有限责任公司设立董事会的，股东会会议由董事会召集，董事长主持；董事长不能履行职务或者不履行职务的，由副董事长主持；副董事长不能履行职务或者不履行职务的，由半数以上董事共同推举一名董事主持。

有限责任公司不设董事会的，股东会会议由执行董事召集和主持。

董事会或者执行董事不能履行或者不履行召集股东会会议职责的，由监事会或者不设监事会的公司的监事召集和主持；监事会或者监事不召集和主持的，代表十分之一以上表决权的股东可以自行召集和主持。

第四十一条　召开股东会会议，应当于会议召开十五日前通知全体股东；但是，公司章程另有规定或者全体股东另有约定的除外。

股东会应当对所议事项的决定作成会议记录，出席会议的股东应当在会议记录上签名。

第四十二条　股东会会议由股东按照出资比例行使表决权；但是，公司章程另有规定的除外。

第四十三条　股东会的议事方式和表决程序，除本法有规定的外，由公司章程规定。

股东会会议作出修改公司章程、增加或者减少注册资本的决议，以及公司合并、分立、解散或者变更公司形式的决议，必须经代表三分之二以上表决权的股东通过。

第四十四条　有限责任公司设董事会，其成员为三人至十三人；但是，本法第五十条另有规定的除外。

两个以上的国有企业或者两个以上的其他国有投资主体投资设立的有限责任公司，其董事会成员中应当有公司职工代表；其他有限责任公司董事会成员中可以有公司职工代表。董事会中的职工代表由公司职工通过职工代表大会、职工大会或者其他形式民主选举产生。

董事会设董事长一人，可以设副董事长。董事长、副董事长的产生办法由公司章程规定。

第四十五条　董事任期由公司章程规定，但每届任期不得超过三年。董事任期届满，连选可以连任。

董事任期届满未及时改选，或者董事在任期内辞职导致董事会成员低于法定人数的，在改选出的董事就任前，原董事仍应当依照法律、行政法规和公司章程的规定，履行董事职务。

第四十六条　董事会对股东会负责，行使下列职权：

（一）召集股东会会议，并向股东会报告工作；

（二）执行股东会的决议；

（三）决定公司的经营计划和投资方案；

（四）制订公司的年度财务预算方案、决算方案；

（五）制订公司的利润分配方案和弥补亏损方案；

（六）制订公司增加或者减少注册资本以及发行公司债券的方案；

（七）制订公司合并、分立、解散或者变更公司形式的方案；

（八）决定公司内部管理机构的设置；

（九）决定聘任或者解聘公司经理及其报酬事项，并根据经理的提名决定聘任或者解聘公司副经理、财务负责人及其报酬事项；

（十）制定公司的基本管理制度；

（十一）公司章程规定的其他职权。

第四十七条 董事会会议由董事长召集和主持；董事长不能履行职务或者不履行职务的，由副董事长召集和主持；副董事长不能履行职务或者不履行职务的，由半数以上董事共同推举一名董事召集和主持。

第四十八条 董事会的议事方式和表决程序，除本法有规定的外，由公司章程规定。

董事会应当对所议事项的决定作成会议记录，出席会议的董事应当在会议记录上签名。

董事会决议的表决，实行一人一票。

第四十九条 有限责任公司可以设经理，由董事会决定聘任或者解聘。经理对董事会负责，行使下列职权：

（一）主持公司的生产经营管理工作，组织实施董事会决议；

（二）组织实施公司年度经营计划和投资方案；

（三）拟订公司内部管理机构设置方案；

（四）拟订公司的基本管理制度；

（五）制定公司的具体规章；

（六）提请聘任或者解聘公司副经理、财务负责人；

（七）决定聘任或者解聘除应由董事会决定聘任或者解聘以外的负责管理人员；

（八）董事会授予的其他职权。

公司章程对经理职权另有规定的，从其规定。

经理列席董事会会议。

第五十条 股东人数较少或者规模较小的有限责任公司，可以设一名执行董事，不设董事会。执行董事可以兼任公司经理。

执行董事的职权由公司章程规定。

第五十一条 有限责任公司设监事会，其成员不得少于三人。股东人数较少或者规模较小的有限责任公司，可以设一至二名监事，不设监事会。

监事会应当包括股东代表和适当比例的公司职工代表，其中职工代表的比例不得低于三分之一，具体比例由公司章程规定。监事会中的职工代表由公司职工通过职工代表大会、职工大会或者其他形式民主选举产生。

监事会设主席一人，由全体监事过半数选举产生。监事会主席召集和主持监事会会议；监事会主席不能履行职务或者不履行职务的，由半数以上监事共同推举一名监事召集和主持监事会会议。

董事、高级管理人员不得兼任监事。

第五十二条 监事的任期每届为三年。监事任期届满，连选可以连任。

监事任期届满未及时改选，或者监事在任期内辞职导致监事会成员低于法定人数的，在改选出的监事就任前，原监事仍应当依照法律、行政法规和公司章程的规定，履行监事职务。

第五十三条 监事会、不设监事会的公司的监事行使下列职权：

（一）检查公司财务；

（二）对董事、高级管理人员执行公司职务的行为进行监督，对违反法律、行政法规、公司章程或者股东会决议的董事、高级管理人员提出罢免的建议；

（三）当董事、高级管理人员的行为损害公司的利益时，要求董事、高级管理人员予以纠正；

（四）提议召开临时股东会会议，在董事会不履行本法规定的召集和主持股东会会议职责时召集和主持股东会会议；

（五）向股东会会议提出提案；

（六）依照本法第一百五十一条的规定，对董事、高级管理人员提起诉讼；

（七）公司章程规定的其他职权。

第五十四条 监事可以列席董事会会议，并对董事会决议事项提出质询或者建议。

监事会、不设监事会的公司的监事发现公司经营情况异常，可以进行调查；必要时，可以聘请会计师事务所等协助其工作，费用由公司承担。

第五十五条 监事会每年度至少召开一次会议，监事可以提议召开临时监事会会议。

监事会的议事方式和表决程序，除本法有规定的外，由公司章程规定。

监事会决议应当经半数以上监事通过。

监事会应当对所议事项的决定作成会议记录，出席会议的监事应当在会议记录上签名。

第五十六条 监事会、不设监事会的公司的监事行使职权所必需的费用，由公司承担。

第三节 一人有限责任公司的特别规定

第五十七条 一人有限责任公司的设立和组织机构，适用本节规定；本节没有规定的，适用本章第一节、第二节的规定。

本法所称一人有限责任公司，是指只有一个自然人股东或者一个法人股东的有限责任公司。

第五十八条 一个自然人只能投资设立一个一人有限责任公司。该一人有限责任公司不能投资设立新的一人有限责任公司。

第五十九条 一人有限责任公司应当在公司登记中注明自然人独资或者法人独资，并在公司营业执照中载明。

第六十条 一人有限责任公司章程由股东制定。

第六十一条 一人有限责任公司不设股东会。股东作出本法第三十七条第一款所列决定时，应当采用书面形式，并由股东签名后置备于公司。

第六十二条 一人有限责任公司应当在每一会计年度终了时编制财务会计报告，并经会计师事务所审计。

第六十三条 一人有限责任公司的股东不能证明公司财产独立于股东自己的财产的，应当对公司债务承担连带责任。

第四节 国有独资公司的特别规定

第六十四条 国有独资公司的设立和组织机构，适用本节规定；本节没有规定的，适用本章第一节、第二节的规定。

本法所称国有独资公司，是指国家单独出资、由国务院或者地方人民政府授权本级人民政府国有资产监督管理机构履行出资人职责的有限责任公司。

第六十五条 国有独资公司章程由国有资产监督管理机构制定，或者由董事会制订报国有资产监督管理机构批准。

第六十六条 国有独资公司不设股东会，由国有资产监督管理机构行使股东会职权。国有资产监督管理机构可以授权公司董事会行使股东会的部分职权，决定公司的重大事项，但公司的合并、分立、解散、增加或者减少注册资本和发行公司债券，必须由国有资产监督管理机构决定；其中，重要的国有独资公司合并、分立、解散、申请破产的，应当由国有资产监督管理机构审核后，报本级人民政府批准。

前款所称重要的国有独资公司，按照国务院的规定确定。

第六十七条 国有独资公司设董事会，依照本法第四十六条、第六十六条的规定行使职权。董事每届任期不得超过三年。董事会成员中应当有公司职工代表。

董事会成员由国有资产监督管理机构委派；但是，董事会成员中的职工代表由公司职工代表大会选举产生。

董事会设董事长一人，可以设副董事长。董事长、副董事长由国有资产监督管理机构从董事会成员中指定。

第六十八条 国有独资公司设经理，由董事会聘任或者解聘。经理依照本法第四十九条规定行使职权。

经国有资产监督管理机构同意，董事会成员可以兼任经理。

第六十九条 国有独资公司的董事长、副董事长、董事、高级管理人员，未经国有资产监督管理机构同意，不得在其他有限责任公司、股份有限公司或者其他经济组织兼职。

第七十条 国有独资公司监事会成员不得少于五人，其中职工代表的比例不得低于三分之一，具体比例由公司章程规定。

监事会成员由国有资产监督管理机构委派；但是，监事会成员中的职工代表由公司职工代表大会选举产生。监事会主席由国有资产监督管理机构从监事会成员中指定。

监事会行使本法第五十三条第（一）项至第（三）项规定的职权和国务院规定的其他职权。

第三章　有限责任公司的股权转让

第七十一条 有限责任公司的股东之间可以相互转让其全部或者部分股权。

股东向股东以外的人转让股权，应当经其他股东过半数同意。股东应就其股权转让事项书面通知其他股东征求同意，其他股东自接到书面通知之日起满三十日未答复的，视为同意转让。其他股东半数以上不同意转让的，不同意的股东应当购买该转让的股权；不购买的，视为同意转让。

经股东同意转让的股权，在同等条件下，其他股东有优先购买权。两个以上股东主张行使优先购买权的，协商确定各自的购买比例；协商不成的，按照转让时各自的出资比例行使优先购买权。

公司章程对股权转让另有规定的，从其规定。

第七十二条 人民法院依照法律规定的强制执行程序转让股东的股权时，应当通知公司及全体股东，其他股东在同等条件下有优先购买权。其他股东自人民法院通知之日起满二十日不行使优先购买权的，视为放弃优先购买权。

第七十三条 依照本法第七十一条、第七十二条转让股权后，公司应当注销原股东的出资证明书，向新股东签发出资证明书，并相应修改公司章程和股东名册中有关股东及其出资额的记载。对公司章程的该项修改不需再由股东会表决。

第七十四条 有下列情形之一的，对股东会该项决议投反对票的股东可以请求公司按照合理的价格收购其股权：

（一）公司连续五年不向股东分配利润，而公司该五年连续盈利，并且符合本法规定的分配利润条件的；

（二）公司合并、分立、转让主要财产的；

（三）公司章程规定的营业期限届满或者章程规定的其他解散事由出现，股东会会议通过决议修改章程使公司存续的。

自股东会会议决议通过之日起六十日内，股东与公司不能达成股权收购协议的，股东可以自股东会会议决议通过之日起九十日内向人民法院提起诉讼。

第七十五条 自然人股东死亡后，其合法继承人可以继承股东资格；但是，公司章程另有规定的除外。

第四章　股份有限公司的设立和组织机构

第一节　设　立

第七十六条 设立股份有限公司，应当具备下列条件：

（一）发起人符合法定人数；

（二）有符合公司章程规定的全体发起人认购的股本总额或者募集的实收股本总额；

（三）股份发行、筹办事项符合法律规定；

（四）发起人制订公司章程，采用募集方式设立的经创立大会通过；

（五）有公司名称，建立符合股份有限公司要求的组织机构；

（六）有公司住所。

第七十七条 股份有限公司的设立，可以采取发起设立或者募集设立的方式。

发起设立，是指由发起人认购公司应发行的全部股份而设立公司。

募集设立，是指由发起人认购公司应发行股份的一部分，其余股份向社会公开募集或者向特定对象募集而设立公司。

第七十八条 设立股份有限公司，应当有二人以上二百人以下为发起人，其中须有半数以上的发起人在中国境内有住所。

第七十九条 股份有限公司发起人承担公司筹办事务。

发起人应当签订发起人协议，明确各自在公司设立过程中的权利和义务。

第八十条 股份有限公司采取发起设立方式设立的，注册资本为在公司登记机关登记的全体发起人认购的股本总额。在发起人认购的股份缴足前，不得向他人募集股份。

股份有限公司采取募集方式设立的，注册资本为在公司登记机关登记的实收股本总额。

法律、行政法规以及国务院决定对股份有限公司注册资本实缴、注册资本最低限额另有规定的，从其规定。

第八十一条 股份有限公司章程应当载明下列事项：

（一）公司名称和住所；

（二）公司经营范围；

（三）公司设立方式；

（四）公司股份总数、每股金额和注册资本；

（五）发起人的姓名或者名称、认购的股份数、出资方式和出资时间；

（六）董事会的组成、职权和议事规则；

（七）公司法定代表人；

（八）监事会的组成、职权和议事规则；

（九）公司利润分配办法；

（十）公司的解散事由与清算办法；

（十一）公司的通知和公告办法；

（十二）股东大会会议认为需要规定的其他事项。

第八十二条 发起人的出资方式，适用本法第二十七条的规定。

第八十三条 以发起设立方式设立股份有限公司的，发起人应当书面认足公司章程规定其认购的股份，并按照公司章程规定缴纳出资。以非货币财产出资的，应当依法办理其财产权的转移手续。

发起人不依照前款规定缴纳出资的，应当按照发起人协议承担违约责任。

发起人认足公司章程规定的出资后，应当选举董事会和监事会，由董事会向公司登记机关报送公司章程以及法律、行政法规规定的其他文件，申请设立登记。

第八十四条 以募集设立方式设立股份有限公司的，发起人认购的股份不得少于公司股份总数的百分之三十五；但是，法律、行政法规另有规定的，从其规定。

第八十五条 发起人向社会公开募集股份，必须公告招股说明书，并制作认股书。认股书应当载明本法第八十六条所列事项，由认股人填写所认购股数、金额、住所，并签名、盖章。认股人按照所认购股数缴纳股款。

第八十六条 招股说明书应当附有发起人制订的公司章程，并载明下列事项：

（一）发起人认购的股份数；

（二）每股的票面金额和发行价格；

（三）无记名股票的发行总数；

（四）募集资金的用途；

（五）认股人的权利、义务；

（六）本次募股的起止期限及逾期未募足时认股人可以撤回所认股份的说明。

第八十七条 发起人向社会公开募集股份，应当由依法设立的证券公司承销，签订承销协议。

第八十八条 发起人向社会公开募集股份，应当同银行签订代收股款协议。

代收股款的银行应当按照协议代收和保存股款，向缴纳股款的认股人出具收款单据，并负有向有关部门出具收款证明的义务。

第八十九条 发行股份的股款缴足后，必须经依法设立的验资机构验资并出具证明。发起人应当自股款缴足之日起三十日内主持召开公司创立大会。创立大会由发起人、认股人组成。

发行的股份超过招股说明书规定的截止期限尚未募足的，或者发行股份的股款缴足后，发起人在三十日内未召开创立大会的，认股人可以按照所缴股款并加算银行同期存款利息，要求发起人返还。

第九十条 发起人应当在创立大会召开十五日前将会议日期通知各认股人或者予以公告。创立大会应有代表股份总数过半数的发起人、认股人出席，方可举行。

创立大会行使下列职权：

（一）审议发起人关于公司筹办情况的报告；

（二）通过公司章程；

（三）选举董事会成员；

（四）选举监事会成员；

（五）对公司的设立费用进行审核；

（六）对发起人用于抵作股款的财产的作价进行审核；

（七）发生不可抗力或者经营条件发生重大变化直接影响公司设立的，可以作出不设立公司的决议。

创立大会对前款所列事项作出决议，必须经出席会议的认股人所持表决权过半数通过。

第九十一条 发起人、认股人缴纳股款或者交付抵作股款的出资后，除未按期募足股份、发起人未按期召开创立大会或者创立大会决议不设立公司的情形外，不得抽回其股本。

第九十二条 董事会应于创立大会结束后三十日内，向公司登记机关报送下列文件，申请设立登记：

（一）公司登记申请书；

（二）创立大会的会议记录；

（三）公司章程；

（四）验资证明；

（五）法定代表人、董事、监事的任职文件及其身份证明；

（六）发起人的法人资格证明或者自然人身份证明；

（七）公司住所证明。

以募集方式设立股份有限公司公开发行股票的，还应当向公司登记机关报送国务院证券监督管理机构的核准文件。

第九十三条 股份有限公司成立后，发起人未按照公司章程的规定缴足出资的，应当补缴；其他发起人承担连带责任。

股份有限公司成立后，发现作为设立公司出资的非货币财产的实际价额显著低于公司章程所定价额的，应当由交付该出资的发起人补足其差额；其他发起人承担连带责任。

第九十四条 股份有限公司的发起人应当承担下列责任：

（一）公司不能成立时，对设立行为所产生的债务和费用负连带责任；

（二）公司不能成立时，对认股人已缴纳的股款，负返还股款并加算银行同期存款利息的连带责任；

（三）在公司设立过程中，由于发起人的过失致使公司利益受到损害的，应当对公司承担赔偿责任。

第九十五条 有限责任公司变更为股份有限公司时，折合的实收股本总额不得高于公司净资产额。有限责任公司变更为股份有限公司，为增加资本公开发行股份时，应当依法办理。

第九十六条 股份有限公司应当将公司章程、股东名册、公司债券存根、股东大会会议记录、董事会会议记录、监事会会议记录、财务会计报告置备于本公司。

第九十七条 股东有权查阅公司章程、股东名册、公司债券存根、股东大会会议记录、董事会会议决议、监事会会议决议、财务会计报告，对公司的经营提出建议或者质询。

第二节 股 东 大 会

第九十八条 股份有限公司股东大会由全体股东组成。股东大会是公司的权力机构，依照本法行使职权。

第九十九条 本法第三十七条第一款关于有限责任公司股东会职权的规定，适用于股份有限公司股东大会。

第一百条 股东大会应当每年召开一次年会。有下列情形之一的，应当在两个月内召开临时股东大会：

（一）董事人数不足本法规定人数或者公司章程所定人数的三分之二时；

（二）公司未弥补的亏损达实收股本总额三分之一时；

（三）单独或者合计持有公司百分之十以上股份的股东请求时；

（四）董事会认为必要时；

（五）监事会提议召开时；

（六）公司章程规定的其他情形。

第一百零一条 股东大会会议由董事会召集，董事长主持；董事长不能履行职务或者不履行职务的，由副董事长主持；副董事长不能履行职务或者不履行职务的，由半数以上董事共同推举一名董事主持。

董事会不能履行或者不履行召集股东大会会议职责的，监事会应当及时召集和主持；监事会不召集和主持的，连续九十日以上单独或者合计持有公司百分之十以上股份的股东可以自行召集和主持。

第一百零二条　召开股东大会会议，应当将会议召开的时间、地点和审议的事项于会议召开二十日前通知各股东；临时股东大会应当于会议召开十五日前通知各股东；发行无记名股票的，应当于会议召开三十日前公告会议召开的时间、地点和审议事项。

单独或者合计持有公司百分之三以上股份的股东，可以在股东大会召开十日前提出临时提案并书面提交董事会；董事会应当在收到提案后二日内通知其他股东，并将该临时提案提交股东大会审议。临时提案的内容应当属于股东大会职权范围，并有明确议题和具体决议事项。

股东大会不得对前两款通知中未列明的事项作出决议。

无记名股票持有人出席股东大会会议的，应当于会议召开五日前至股东大会闭会时将股票交存于公司。

第一百零三条　股东出席股东大会会议，所持每一股份有一表决权。但是，公司持有的本公司股份没有表决权。

股东大会作出决议，必须经出席会议的股东所持表决权过半数通过。但是，股东大会作出修改公司章程、增加或者减少注册资本的决议，以及公司合并、分立、解散或者变更公司形式的决议，必须经出席会议的股东所持表决权的三分之二以上通过。

第一百零四条　本法和公司章程规定公司转让、受让重大资产或者对外提供担保等事项必须经股东大会作出决议的，董事会应当及时召集股东大会会议，由股东大会就上述事项进行表决。

第一百零五条　股东大会选举董事、监事，可以依照公司章程的规定或者股东大会的决议，实行累积投票制。

本法所称累积投票制，是指股东大会选举董事或者监事时，每一股份拥有与应选董事或者监事人数相同的表决权，股东拥有的表决权可以集中使用。

第一百零六条　股东可以委托代理人出席股东大会会议，代理人应当向公司提交股东授权委托书，并在授权范围内行使表决权。

第一百零七条　股东大会应当对所议事项的决定作成会议记录，主持人、出席会议的董事应当在会议记录上签名。会议记录应当与出席股东的签名册及代理出席的委托书一并保存。

第三节　董事会、经理

第一百零八条　股份有限公司设董事会，其成员为五人至十九人。

董事会成员中可以有公司职工代表。董事会中的职工代表由公司职工通过职工代表大会、职工大会或者其他形式民主选举产生。

本法第四十五条关于有限责任公司董事任期的规定，适用于股份有限公司董事。

本法第四十六条关于有限责任公司董事会职权的规定，适用于股份有限公司董事会。

第一百零九条 董事会设董事长一人，可以设副董事长。董事长和副董事长由董事会以全体董事的过半数选举产生。

董事长召集和主持董事会会议，检查董事会决议的实施情况。副董事长协助董事长工作，董事长不能履行职务或者不履行职务的，由副董事长履行职务；副董事长不能履行职务或者不履行职务的，由半数以上董事共同推举一名董事履行职务。

第一百一十条 董事会每年度至少召开两次会议，每次会议应当于会议召开十日前通知全体董事和监事。

代表十分之一以上表决权的股东、三分之一以上董事或者监事会，可以提议召开董事会临时会议。董事长应当自接到提议后十日内，召集和主持董事会会议。

董事会召开临时会议，可以另定召集董事会的通知方式和通知时限。

第一百一十一条 董事会会议应有过半数的董事出席方可举行。董事会作出决议，必须经全体董事的过半数通过。

董事会决议的表决，实行一人一票。

第一百一十二条 董事会会议，应由董事本人出席；董事因故不能出席，可以书面委托其他董事代为出席，委托书中应载明授权范围。

董事会应当对会议所议事项的决定作成会议记录，出席会议的董事应当在会议记录上签名。

董事应当对董事会的决议承担责任。董事会的决议违反法律、行政法规或者公司章程、股东大会决议，致使公司遭受严重损失的，参与决议的董事对公司负赔偿责任。但经证明在表决时曾表明异议并记载于会议记录的，该董事可以免除责任。

第一百一十三条 股份有限公司设经理，由董事会决定聘任或者解聘。

本法第四十九条关于有限责任公司经理职权的规定，适用于股份有限公司经理。

第一百一十四条 公司董事会可以决定由董事会成员兼任经理。

第一百一十五条 公司不得直接或者通过子公司向董事、监事、高级管理人员提供借款。

第一百一十六条 公司应当定期向股东披露董事、监事、高级管理人员从公司获得报酬的情况。

第四节 监 事 会

第一百一十七条 股份有限公司设监事会，其成员不得少于三人。

监事会应当包括股东代表和适当比例的公司职工代表，其中职工代表的比例不得低于三分之一，具体比例由公司章程规定。监事会中的职工代表由公司职工通过职工代表大会、职工大会或者其他形式民主选举产生。

监事会设主席一人，可以设副主席。监事会主席和副主席由全体监事过半数选举产生。监事会主席召集和主持监事会会议；监事会主席不能履行职务或者不履行职务的，由监事会副主席召集和主持监事会会议；监事会副主席不能履行职务或者不履行职务的，由半数以上监事共同推举一名监事召集和主持监事会会议。

董事、高级管理人员不得兼任监事。

本法第五十二条关于有限责任公司监事任期的规定，适用于股份有限公司监事。

第一百一十八条 本法第五十三条、第五十四条关于有限责任公司监事会职权的规定，适用于股份有限公司监事会。

监事会行使职权所必需的费用，由公司承担。

第一百一十九条 监事会每六个月至少召开一次会议。监事可以提议召开临时监事会会议。

监事会的议事方式和表决程序，除本法有规定的外，由公司章程规定。

监事会决议应当经半数以上监事通过。

监事会应当对所议事项的决定作成会议记录，出席会议的监事应当在会议记录上签名。

第五节 上市公司组织机构的特别规定

第一百二十条 本法所称上市公司，是指其股票在证券交易所上市交易的股份有限公司。

第一百二十一条 上市公司在一年内购买、出售重大资产或者担保金额超过公司资产总额百分之三十的，应当由股东大会作出决议，并经出席会议的股东所持表决权的三分之二以上通过。

第一百二十二条 上市公司设独立董事,具体办法由国务院规定。

第一百二十三条 上市公司设董事会秘书,负责公司股东大会和董事会会议的筹备、文件保管以及公司股东资料的管理,办理信息披露事务等事宜。

第一百二十四条 上市公司董事与董事会会议决议事项所涉及的企业有关联关系的,不得对该项决议行使表决权,也不得代理其他董事行使表决权。该董事会会议由过半数的无关联关系董事出席即可举行,董事会会议所作决议须经无关联关系董事过半数通过。出席董事会的无关联关系董事人数不足三人的,应将该事项提交上市公司股东大会审议。

第五章 股份有限公司的股份发行和转让

第一节 股 份 发 行

第一百二十五条 股份有限公司的资本划分为股份,每一股的金额相等。

公司的股份采取股票的形式。股票是公司签发的证明股东所持股份的凭证。

第一百二十六条 股份的发行,实行公平、公正的原则,同种类的每一股份应当具有同等权利。

同次发行的同种类股票,每股的发行条件和价格应当相同;任何单位或者个人所认购的股份,每股应当支付相同价额。

第一百二十七条 股票发行价格可以按票面金额,也可以超过票面金额,但不得低于票面金额。

第一百二十八条 股票采用纸面形式或者国务院证券监督管理机构规定的其他形式。

股票应当载明下列主要事项:

(一)公司名称;

(二)公司成立日期;

(三)股票种类、票面金额及代表的股份数;

(四)股票的编号。

股票由法定代表人签名,公司盖章。

发起人的股票,应当标明发起人股票字样。

第一百二十九条 公司发行的股票,可以为记名股票,也可以为无记名股票。

公司向发起人、法人发行的股票,应当为记名股票,并应当记载该发起人、法人的名称或者姓名,不得另立户名或者以代表人姓名记名。

第一百三十条　公司发行记名股票的，应当置备股东名册，记载下列事项：

（一）股东的姓名或者名称及住所；

（二）各股东所持股份数；

（三）各股东所持股票的编号；

（四）各股东取得股份的日期。

发行无记名股票的，公司应当记载其股票数量、编号及发行日期。

第一百三十一条　国务院可以对公司发行本法规定以外的其他种类的股份，另行作出规定。

第一百三十二条　股份有限公司成立后，即向股东正式交付股票。公司成立前不得向股东交付股票。

第一百三十三条　公司发行新股，股东大会应当对下列事项作出决议：

（一）新股种类及数额；

（二）新股发行价格；

（三）新股发行的起止日期；

（四）向原有股东发行新股的种类及数额。

第一百三十四条　公司经国务院证券监督管理机构核准公开发行新股时，必须公告新股招股说明书和财务会计报告，并制作认股书。

本法第八十七条、第八十八条的规定适用于公司公开发行新股。

第一百三十五条　公司发行新股，可以根据公司经营情况和财务状况，确定其作价方案。

第一百三十六条　公司发行新股募足股款后，必须向公司登记机关办理变更登记，并公告。

第二节　股 份 转 让

第一百三十七条　股东持有的股份可以依法转让。

第一百三十八条　股东转让其股份，应当在依法设立的证券交易场所进行或者按照国务院规定的其他方式进行。

第一百三十九条　记名股票，由股东以背书方式或者法律、行政法规规定的其他方式转让；转让后由公司将受让人的姓名或者名称及住所记载于股东名册。

股东大会召开前二十日内或者公司决定分配股利的基准日前五日内，不得进行前款规定的股东名册的变更登记。但是，法律对上市公司股东名册变更登记另有规定的，从其规定。

第一百四十条　无记名股票的转让，由股东将该股票交付给受让人后即发生转让的效力。

第一百四十一条 发起人持有的本公司股份，自公司成立之日起一年内不得转让。公司公开发行股份前已发行的股份，自公司股票在证券交易所上市交易之日起一年内不得转让。

公司董事、监事、高级管理人员应当向公司申报所持有的本公司的股份及其变动情况，在任职期间每年转让的股份不得超过其所持有本公司股份总数的百分之二十五；所持本公司股份自公司股票上市交易之日起一年内不得转让。上述人员离职后半年内，不得转让其所持有的本公司股份。公司章程可以对公司董事、监事、高级管理人员转让其所持有的本公司股份作出其他限制性规定。

第一百四十二条 公司不得收购本公司股份。但是，有下列情形之一的除外：

（一）减少公司注册资本；

（二）与持有本公司股份的其他公司合并；

（三）将股份用于员工持股计划或者股权激励；

（四）股东因对股东大会作出的公司合并、分立决议持异议，要求公司收购其股份；

（五）将股份用于转换上市公司发行的可转换为股票的公司债券；

（六）上市公司为维护公司价值及股东权益所必需。

公司因前款第（一）项、第（二）项规定的情形收购本公司股份的，应当经股东大会决议；公司因前款第（三）项、第（五）项、第（六）项规定的情形收购本公司股份的，可以依照公司章程的规定或者股东大会的授权，经三分之二以上董事出席的董事会会议决议。

公司依照本条第一款规定收购本公司股份后，属于第（一）项情形的，应当自收购之日起十日内注销；属于第（二）项、第（四）项情形的，应当在六个月内转让或者注销；属于第（三）项、第（五）项、第（六）项情形的，公司合计持有的本公司股份数不得超过本公司已发行股份总额的百分之十，并应当在三年内转让或者注销。

上市公司收购本公司股份的，应当依照《中华人民共和国证券法》的规定履行信息披露义务。上市公司因本条第一款第（三）项、第（五）项、第（六）项规定的情形收购本公司股份的，应当通过公开的集中交易方式进行。

公司不得接受本公司的股票作为质押权的标的。

第一百四十三条 记名股票被盗、遗失或者灭失，股东可以依照《中华人民共和国民事诉讼法》规定的公示催告程序，请求人民法院宣告该股票失效。人民法院宣告该股票失效后，股东可以向公司申请补发股票。

第一百四十四条 上市公司的股票，依照有关法律、行政法规及证券交易所交易规则上市交易。

第一百四十五条 上市公司必须依照法律、行政法规的规定，公开其财务状况、经营情况及重大诉讼，在每会计年度内半年公布一次财务会计报告。

第六章 公司董事、监事、高级管理人员的资格和义务

第一百四十六条 有下列情形之一的，不得担任公司的董事、监事、高级管理人员：

（一）无民事行为能力或者限制民事行为能力；

（二）因贪污、贿赂、侵占财产、挪用财产或者破坏社会主义市场经济秩序，被判处刑罚，执行期满未逾五年，或者因犯罪被剥夺政治权利，执行期满未逾五年；

（三）担任破产清算的公司、企业的董事或者厂长、经理，对该公司、企业的破产负有个人责任的，自该公司、企业破产清算完结之日起未逾三年；

（四）担任因违法被吊销营业执照、责令关闭的公司、企业的法定代表人，并负有个人责任的，自该公司、企业被吊销营业执照之日起未逾三年；

（五）个人所负数额较大的债务到期未清偿。

公司违反前款规定选举、委派董事、监事或者聘任高级管理人员的，该选举、委派或者聘任无效。

董事、监事、高级管理人员在任职期间出现本条第一款所列情形的，公司应当解除其职务。

第一百四十七条 董事、监事、高级管理人员应当遵守法律、行政法规和公司章程，对公司负有忠实义务和勤勉义务。

董事、监事、高级管理人员不得利用职权收受贿赂或者其他非法收入，不得侵占公司的财产。

第一百四十八条 董事、高级管理人员不得有下列行为：

（一）挪用公司资金；

（二）将公司资金以其个人名义或者以其他个人名义开立账户存储；

（三）违反公司章程的规定，未经股东会、股东大会或者董事会同意，将公司资金借贷给他人或者以公司财产为他人提供担保；

（四）违反公司章程的规定或者未经股东会、股东大会同意，与本公司订立合同或者进行交易；

（五）未经股东会或者股东大会同意，利用职务便利为自己或者他人谋取属于公司的商业机会，自营或者为他人经营与所任职公司同类的业务；

（六）接受他人与公司交易的佣金归为己有；

（七）擅自披露公司秘密；

（八）违反对公司忠实义务的其他行为。

董事、高级管理人员违反前款规定所得的收入应当归公司所有。

第一百四十九条 董事、监事、高级管理人员执行公司职务时违反法律、行政法规或者公司章程的规定，给公司造成损失的，应当承担赔偿责任。

第一百五十条 股东会或者股东大会要求董事、监事、高级管理人员列席会议的，董事、监事、高级管理人员应当列席并接受股东的质询。

董事、高级管理人员应当如实向监事会或者不设监事会的有限责任公司的监事提供有关情况和资料，不得妨碍监事会或者监事行使职权。

第一百五十一条 董事、高级管理人员有本法第一百四十九条规定的情形的，有限责任公司的股东、股份有限公司连续一百八十日以上单独或者合计持有公司百分之一以上股份的股东，可以书面请求监事会或者不设监事会的有限责任公司的监事向人民法院提起诉讼；监事有本法第一百四十九条规定的情形的，前述股东可以书面请求董事会或者不设董事会的有限责任公司的执行董事向人民法院提起诉讼。

监事会、不设监事会的有限责任公司的监事，或者董事会、执行董事收到前款规定的股东书面请求后拒绝提起诉讼，或者自收到请求之日起三十日内未提起诉讼，或者情况紧急、不立即提起诉讼将会使公司利益受到难以弥补的损害的，前款规定的股东有权为了公司的利益以自己的名义直接向人民法院提起诉讼。

他人侵犯公司合法权益，给公司造成损失的，本条第一款规定的股东可以依照前两款的规定向人民法院提起诉讼。

第一百五十二条 董事、高级管理人员违反法律、行政法规或者公司章程的规定，损害股东利益的，股东可以向人民法院提起诉讼。

第七章 公 司 债 券

第一百五十三条 本法所称公司债券，是指公司依照法定程序发行、约定在一定期限还本付息的有价证券。

公司发行公司债券应当符合《中华人民共和国证券法》规定的发行条件。

第一百五十四条　发行公司债券的申请经国务院授权的部门核准后，应当公告公司债券募集办法。

公司债券募集办法中应当载明下列主要事项：

（一）公司名称；

（二）债券募集资金的用途；

（三）债券总额和债券的票面金额；

（四）债券利率的确定方式；

（五）还本付息的期限和方式；

（六）债券担保情况；

（七）债券的发行价格、发行的起止日期；

（八）公司净资产额；

（九）已发行的尚未到期的公司债券总额；

（十）公司债券的承销机构。

第一百五十五条　公司以实物券方式发行公司债券的，必须在债券上载明公司名称、债券票面金额、利率、偿还期限等事项，并由法定代表人签名，公司盖章。

第一百五十六条　公司债券，可以为记名债券，也可以为无记名债券。

第一百五十七条　公司发行公司债券应当置备公司债券存根簿。

发行记名公司债券的，应当在公司债券存根簿上载明下列事项：

（一）债券持有人的姓名或者名称及住所；

（二）债券持有人取得债券的日期及债券的编号；

（三）债券总额，债券的票面金额、利率、还本付息的期限和方式；

（四）债券的发行日期。

发行无记名公司债券的，应当在公司债券存根簿上载明债券总额、利率、偿还期限和方式、发行日期及债券的编号。

第一百五十八条　记名公司债券的登记结算机构应当建立债券登记、存管、付息、兑付等相关制度。

第一百五十九条　公司债券可以转让，转让价格由转让人与受让人约定。

公司债券在证券交易所上市交易的，按照证券交易所的交易规则转让。

第一百六十条　记名公司债券，由债券持有人以背书方式或者法律、行政法规规定的其他方式转让；转让后由公司将受让人的姓名或者名称及住所记载于公司债券存根簿。

无记名公司债券的转让，由债券持有人将该债券交付给受让人后即发生转让的效力。

第一百六十一条　上市公司经股东大会决议可以发行可转换为股票的公司债券，并在公司债券募集办法中规定具体的转换办法。上市公司发行可转换为股票的公司债券，应当报国务院证券监督管理机构核准。

发行可转换为股票的公司债券，应当在债券上标明可转换公司债券字样，并在公司债券存根簿上载明可转换公司债券的数额。

第一百六十二条　发行可转换为股票的公司债券的，公司应当按照其转换办法向债券持有人换发股票，但债券持有人对转换股票或者不转换股票有选择权。

第八章　公司财务、会计

第一百六十三条　公司应当依照法律、行政法规和国务院财政部门的规定建立本公司的财务、会计制度。

第一百六十四条　公司应当在每一会计年度终了时编制财务会计报告，并依法经会计师事务所审计。

财务会计报告应当依照法律、行政法规和国务院财政部门的规定制作。

第一百六十五条　有限责任公司应当依照公司章程规定的期限将财务会计报告送交各股东。

股份有限公司的财务会计报告应当在召开股东大会年会的二十日前置备于本公司，供股东查阅；公开发行股票的股份有限公司必须公告其财务会计报告。

第一百六十六条　公司分配当年税后利润时，应当提取利润的百分之十列入公司法定公积金。公司法定公积金累计额为公司注册资本的百分之五十以上的，可以不再提取。

公司的法定公积金不足以弥补以前年度亏损的，在依照前款规定提取法定公积金之前，应当先用当年利润弥补亏损。

公司从税后利润中提取法定公积金后，经股东会或者股东大会决议，还可以从税后利润中提取任意公积金。

公司弥补亏损和提取公积金后所余税后利润，有限责任公司依照本法第三十四条的规定分配；股份有限公司按照股东持有的股份比例分配，但股份有限公司章程规定不按持股比例分配的除外。

股东会、股东大会或者董事会违反前款规定，在公司弥补亏损和提取法定公积金之前向股东分配利润的，股东必须将违反规定分配的利润退还公司。

公司持有的本公司股份不得分配利润。

第一百六十七条 股份有限公司以超过股票票面金额的发行价格发行股份所得的溢价款以及国务院财政部门规定列入资本公积金的其他收入，应当列为公司资本公积金。

第一百六十八条 公司的公积金用于弥补公司的亏损、扩大公司生产经营或者转为增加公司资本。但是，资本公积金不得用于弥补公司的亏损。

法定公积金转为资本时，所留存的该项公积金不得少于转增前公司注册资本的百分之二十五。

第一百六十九条 公司聘用、解聘承办公司审计业务的会计师事务所，依照公司章程的规定，由股东会、股东大会或者董事会决定。

公司股东会、股东大会或者董事会就解聘会计师事务所进行表决时，应当允许会计师事务所陈述意见。

第一百七十条 公司应当向聘用的会计师事务所提供真实、完整的会计凭证、会计账簿、财务会计报告及其他会计资料，不得拒绝、隐匿、谎报。

第一百七十一条 公司除法定的会计账簿外，不得另立会计账簿。

对公司资产，不得以任何个人名义开立账户存储。

第九章 公司合并、分立、增资、减资

第一百七十二条 公司合并可以采取吸收合并或者新设合并。

一个公司吸收其他公司为吸收合并，被吸收的公司解散。两个以上公司合并设立一个新的公司为新设合并，合并各方解散。

第一百七十三条 公司合并，应当由合并各方签订合并协议，并编制资产负债表及财产清单。公司应当自作出合并决议之日起十日内通知债权人，并于三十日内在报纸上公告。债权人自接到通知书之日起三十日内，未接到通知书的自公告之日起四十五日内，可以要求公司清偿债务或者提供相应的担保。

第一百七十四条 公司合并时，合并各方的债权、债务，应当由合并后存续的公司或者新设的公司承继。

第一百七十五条 公司分立，其财产作相应的分割。

公司分立，应当编制资产负债表及财产清单。公司应当自作出分立决议之日起十日内通知债权人，并于三十日内在报纸上公告。

第一百七十六条 公司分立前的债务由分立后的公司承担连带责任。但是，

公司在分立前与债权人就债务清偿达成的书面协议另有约定的除外。

第一百七十七条 公司需要减少注册资本时，必须编制资产负债表及财产清单。公司应当自作出减少注册资本决议之日起十日内通知债权人，并于三十日内在报纸上公告。债权人自接到通知书之日起三十日内，未接到通知书的自公告之日起四十五日内，有权要求公司清偿债务或者提供相应的担保。

第一百七十八条 有限责任公司增加注册资本时，股东认缴新增资本的出资，依照本法设立有限责任公司缴纳出资的有关规定执行。

股份有限公司为增加注册资本发行新股时，股东认购新股，依照本法设立股份有限公司缴纳股款的有关规定执行。

第一百七十九条 公司合并或者分立，登记事项发生变更的，应当依法向公司登记机关办理变更登记；公司解散的，应当依法办理公司注销登记；设立新公司的，应当依法办理公司设立登记。

公司增加或者减少注册资本，应当依法向公司登记机关办理变更登记。

第十章 公司解散和清算

第一百八十条 公司因下列原因解散：

（一）公司章程规定的营业期限届满或者公司章程规定的其他解散事由出现；

（二）股东会或者股东大会决议解散；

（三）因公司合并或者分立需要解散；

（四）依法被吊销营业执照、责令关闭或者被撤销；

（五）人民法院依照本法第一百八十二条的规定予以解散。

第一百八十一条 公司有本法第一百八十条第（一）项情形的，可以通过修改公司章程而存续。

依照前款规定修改公司章程，有限责任公司须经持有三分之二以上表决权的股东通过，股份有限公司须经出席股东大会会议的股东所持表决权的三分之二以上通过。

第一百八十二条 公司经营管理发生严重困难，继续存续会使股东利益受到重大损失，通过其他途径不能解决的，持有公司全部股东表决权百分之十以上的股东，可以请求人民法院解散公司。

第一百八十三条 公司因本法第一百八十条第（一）项、第（二）项、第（四）项、第（五）项规定而解散的，应当在解散事由出现之日起十五日内成立清算组，开始清算。有限责任公司的清算组由股东组成，股份有限公司的清算组由董事或者股东大会确定的人员组成。逾期不成立清算组进行清算的，债权人可以申请人民法院指定有关人员组成清算组进行清算。人民法院应当受理该申请，并及时组织清算组进行清算。

第一百八十四条 清算组在清算期间行使下列职权：

（一）清理公司财产，分别编制资产负债表和财产清单；

（二）通知、公告债权人；

（三）处理与清算有关的公司未了结的业务；

（四）清缴所欠税款以及清算过程中产生的税款；

（五）清理债权、债务；

（六）处理公司清偿债务后的剩余财产；

（七）代表公司参与民事诉讼活动。

第一百八十五条 清算组应当自成立之日起十日内通知债权人，并于六十日内在报纸上公告。债权人应当自接到通知书之日起三十日内，未接到通知书的自公告之日起四十五日内，向清算组申报其债权。

债权人申报债权，应当说明债权的有关事项，并提供证明材料。清算组应当对债权进行登记。

在申报债权期间，清算组不得对债权人进行清偿。

第一百八十六条 清算组在清理公司财产、编制资产负债表和财产清单后，应当制定清算方案，并报股东会、股东大会或者人民法院确认。

公司财产在分别支付清算费用、职工的工资、社会保险费用和法定补偿金，缴纳所欠税款，清偿公司债务后的剩余财产，有限责任公司按照股东的出资比例分配，股份有限公司按照股东持有的股份比例分配。

清算期间，公司存续，但不得开展与清算无关的经营活动。公司财产在未依照前款规定清偿前，不得分配给股东。

第一百八十七条 清算组在清理公司财产、编制资产负债表和财产清单后，发现公司财产不足清偿债务的，应当依法向人民法院申请宣告破产。

公司经人民法院裁定宣告破产后，清算组应当将清算事务移交给人民法院。

第一百八十八条 公司清算结束后，清算组应当制作清算报告，报股东会、股东大会或者人民法院确认，并报送公司登记机关，申请注销公司登记，公告公司终止。

第一百八十九条 清算组成员应当忠于职守，依法履行清算义务。

清算组成员不得利用职权收受贿赂或者其他非法收入，不得侵占公司财产。

清算组成员因故意或者重大过失给公司或者债权人造成损失的，应当承担赔偿责任。

第一百九十条　公司被依法宣告破产的，依照有关企业破产的法律实施破产清算。

第十一章　外国公司的分支机构

第一百九十一条　本法所称外国公司是指依照外国法律在中国境外设立的公司。

第一百九十二条　外国公司在中国境内设立分支机构，必须向中国主管机关提出申请，并提交其公司章程、所属国的公司登记证书等有关文件，经批准后，向公司登记机关依法办理登记，领取营业执照。

外国公司分支机构的审批办法由国务院另行规定。

第一百九十三条　外国公司在中国境内设立分支机构，必须在中国境内指定负责该分支机构的代表人或者代理人，并向该分支机构拨付与其所从事的经营活动相适应的资金。

对外国公司分支机构的经营资金需要规定最低限额的，由国务院另行规定。

第一百九十四条　外国公司的分支机构应当在其名称中标明该外国公司的国籍及责任形式。

外国公司的分支机构应当在本机构中置备该外国公司章程。

第一百九十五条　外国公司在中国境内设立的分支机构不具有中国法人资格。

外国公司对其分支机构在中国境内进行经营活动承担民事责任。

第一百九十六条　经批准设立的外国公司分支机构，在中国境内从事业务活动，必须遵守中国的法律，不得损害中国的社会公共利益，其合法权益受中国法律保护。

第一百九十七条　外国公司撤销其在中国境内的分支机构时，必须依法清偿债务，依照本法有关公司清算程序的规定进行清算。未清偿债务之前，不得将其分支机构的财产移至中国境外。

第十二章　法　律　责　任

第一百九十八条　违反本法规定，虚报注册资本、提交虚假材料或者采取其他欺诈手段隐瞒重要事实取得公司登记的，由公司登记机关责令改正，对虚报注册资本的公司，处以虚报注册资本金额百分之五以上百分之十五以下的罚款；对提交虚假材料或者采取其他欺诈手段隐瞒重要事实的公司，处以五万元以上五十万元以下的罚款；情节严重的，撤销公司登记或者吊销营业执照。

第一百九十九条　公司的发起人、股东虚假出资，未交付或者未按期交付作为出资的货币或者非货币财产的，由公司登记机关责令改正，处以虚假出资金额百分之五以上百分之十五以下的罚款。

第二百条　公司的发起人、股东在公司成立后，抽逃其出资的，由公司登记机关责令改正，处以所抽逃出资金额百分之五以上百分之十五以下的罚款。

第二百零一条　公司违反本法规定，在法定的会计账簿以外另立会计账簿的，由县级以上人民政府财政部门责令改正，处以五万元以上五十万元以下的罚款。

第二百零二条　公司在依法向有关主管部门提供的财务会计报告等材料上作虚假记载或者隐瞒重要事实的，由有关主管部门对直接负责的主管人员和其他直接责任人员处以三万元以上三十万元以下的罚款。

第二百零三条　公司不依照本法规定提取法定公积金的，由县级以上人民政府财政部门责令如数补足应当提取的金额，可以对公司处以二十万元以下的罚款。

第二百零四条　公司在合并、分立、减少注册资本或者进行清算时，不依照本法规定通知或者公告债权人的，由公司登记机关责令改正，对公司处以一万元以上十万元以下的罚款。

公司在进行清算时，隐匿财产，对资产负债表或者财产清单作虚假记载或者在未清偿债务前分配公司财产的，由公司登记机关责令改正，对公司处以隐匿财产或者未清偿债务前分配公司财产金额百分之五以上百分之十以下的罚款；对直接负责的主管人员和其他直接责任人员处以一万元以上十万元以下的罚款。

第二百零五条　公司在清算期间开展与清算无关的经营活动的，由公司登记机关予以警告，没收违法所得。

第二百零六条　清算组不依照本法规定向公司登记机关报送清算报告，或者报送清算报告隐瞒重要事实或者有重大遗漏的，由公司登记机关责令改正。

清算组成员利用职权徇私舞弊、牟取非法收入或者侵占公司财产的，由公司登记机关责令退还公司财产，没收违法所得，并可以处以违法所得一倍以上五倍以下的罚款。

第二百零七条　承担资产评估、验资或者验证的机构提供虚假材料的，由公司登记机关没收违法所得，处以违法所得一倍以上五倍以下的罚款，并可以由有关主管部门依法责令该机构停业、吊销直接责任人员的资格证书，吊销营业执照。

承担资产评估、验资或者验证的机构因过失提供有重大遗漏的报告的，由公司登记机关责令改正，情节较重的，处以所得收入一倍以上五倍以下的罚款，并可以由有关主管部门依法责令该机构停业、吊销直接责任人员的资格证书，吊销营业执照。

承担资产评估、验资或者验证的机构因其出具的评估结果、验资或者验证证明不实，给公司债权人造成损失的，除能够证明自己没有过错的外，在其评估或者证明不实的金额范围内承担赔偿责任。

第二百零八条 公司登记机关对不符合本法规定条件的登记申请予以登记，或者对符合本法规定条件的登记申请不予登记的，对直接负责的主管人员和其他直接责任人员，依法给予行政处分。

第二百零九条 公司登记机关的上级部门强令公司登记机关对不符合本法规定条件的登记申请予以登记，或者对符合本法规定条件的登记申请不予登记的，或者对违法登记进行包庇的，对直接负责的主管人员和其他直接责任人员依法给予行政处分。

第二百一十条 未依法登记为有限责任公司或者股份有限公司，而冒用有限责任公司或者股份有限公司名义的，或者未依法登记为有限责任公司或者股份有限公司的分公司，而冒用有限责任公司或者股份有限公司的分公司名义的，由公司登记机关责令改正或者予以取缔，可以并处十万元以下的罚款。

第二百一十一条 公司成立后无正当理由超过六个月未开业的，或者开业后自行停业连续六个月以上的，可以由公司登记机关吊销营业执照。

公司登记事项发生变更时，未依照本法规定办理有关变更登记的，由公司登记机关责令限期登记；逾期不登记的，处以一万元以上十万元以下的罚款。

第二百一十二条 外国公司违反本法规定，擅自在中国境内设立分支机构的，由公司登记机关责令改正或者关闭，可以并处五万元以上二十万元以下的罚款。

第二百一十三条 利用公司名义从事危害国家安全、社会公共利益的严重违法行为的，吊销营业执照。

第二百一十四条 公司违反本法规定，应当承担民事赔偿责任和缴纳罚款、罚金的，其财产不足以支付时，先承担民事赔偿责任。

第二百一十五条 违反本法规定，构成犯罪的，依法追究刑事责任。

第十三章 附 则

第二百一十六条 本法下列用语的含义：

（一）高级管理人员，是指公司的经理、副经理、财务负责人，上市公司董事会秘书和公司章程规定的其他人员。

（二）控股股东，是指其出资额占有限责任公司资本总额百分之五十以上或者其持有的股份占股份有限公司股本总额百分之五十以上的股东；出资额或者持有股份的比例虽然不足百分之五十，但依其出资额或者持有的股份所享有的表决权已足以对股东会、股东大会的决议产生重大影响的股东。

（三）实际控制人，是指虽不是公司的股东，但通过投资关系、协议或者其他安排，能够实际支配公司行为的人。

（四）关联关系，是指公司控股股东、实际控制人、董事、监事、高级管理人员与其直接或者间接控制的企业之间的关系，以及可能导致公司利益转移的其他关系。但是，国家控股的企业之间不仅因为同受国家控股而具有关联关系。

第二百一十七条 外商投资的有限责任公司和股份有限公司适用本法；有关外商投资的法律另有规定的，适用其规定。

第二百一十八条 本法自 2006 年 1 月 1 日起施行。